CAMBIO CURRICULAR Y CULTURAL DE LA EDUCACIÓN BÁSICA EN MÉXICO

JUAN CARLOS MIRANDA ARROYO

CAMBIO CURRICULAR Y CULTURAL DE LA EDUCACIÓN BÁSICA EN MÉXICO

Observaciones sobre las transformaciones, contradicciones, tensiones y resistencias durante el período 2018-2023

editorial
LA MURALLA, S. A.

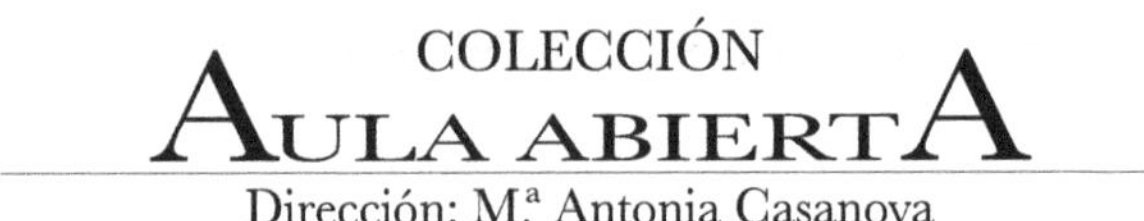

Dirección: M.ª Antonia Casanova

Para mantener su información actualizada, consulte: <www.arcomuralla.com>.

Constancia, 33 - 28002 Madrid
ISBN: 978-84-7133-946-1
Depósito Legal: M-20.415-2024
Imprime: Tórculo Comunicación Gráfica, S. A. (Santiago de Compostela)

A mi nieta Ana Cristina

ÍNDICE

SEGUNDA PARTE: LA CULTURA ESCOLAR DE LA EDUCACIÓN BÁSICA

PRESENTACIÓN

Este libro es una síntesis de las reflexiones realizadas durante los últimos cinco años sobre el cambio al currículo y la cultura escolar de la educación básica en México (específicamente del período 2018-2023); y es también el producto de múltiples ejercicios de análisis, reflexiones y observaciones sistemáticas efectuadas sobre esos dos campos de problematización.

Sobre el segundo de estos campos de problematización, por cierto, más que escribir acerca de "la cultura escolar" propongo una caracterización conceptual que se aproxime más bien con la idea de describir las "culturas escolares" existentes en el país, debido a su escasa unicidad, su notable diversidad y complejidad.

Así, un propósito de este trabajo es contribuir a la comprensión del cambio curricular en el contexto de la reforma educativa reactiva que impulsó, desde 2018, el gobierno del presidente López Obrador; y tiene la finalidad de analizar los puntos de continuidad y ruptura con el proyecto neoliberal ejecutado décadas atrás y que fue aterrizado, a través de un paquete de políticas públicas educativas, por los gobiernos federales anteriores, es decir, entre el 2000 y 2018.

Este conjunto de análisis incluye una serie de observaciones críticas sobre los antecedentes del cambio curricular vigente (cuya propuesta fue publicada oficialmente por la Secretaría de Educación Pública, SEP, entre enero y febrero de 2022) y se inserta también un grupo de reflexiones sobre las tensiones y las resistencias que se han registrado en torno al proyecto de modificaciones antes mencionado, así como sobre las nuevas orientaciones, reestructuraciones de los contenidos educativos y dispositivos curriculares (como la flexibilidad y los distintos niveles de la autonomía escolar, de gestión y de actuación docente), que han sido dirigidos específicamente a la educación pública preescolar, primaria y secundaria.

Como sucede con otras publicaciones que he dado a conocer en forma de libros, tanto en formato impreso como digital, en esta oportunidad también presento una selección e integración de comentarios u opiniones expresadas y difundidas previamente en prensa escrita, a través de colaboraciones que he enviado cada semana a la mesa de redacción de SDP Noticias.com, como parte del análisis de coyuntura que he desarrollado sobre las políticas públicas educativas aplicadas recientemente en México. Todo ello, también, desde la mirada del trabajo docente y de investigación-difusión que llevo a cabo cotidianamente en la Universidad Pedagógica Nacional, Unidad Querétaro.

En las páginas del libro se podrá constatar que, en reiteradas ocasiones, me referí a estos campos problemáticos, que son tan necesarios de entender, desde antes del 2022, año en que la SEP del gobierno de la "Cuarta Transformación" lanzó su propuesta curricular para la educación básica, en respuesta a la necesidad de profundización o complementación de las acciones reformistas de la educación iniciadas en 2018.

En el texto que ahora se presenta enfatizo las similitudes encontradas entre las acciones de los gobiernos federales de Enrique Peña Nieto (2012-2018) y de Andrés Manuel López Obrador (2018-2024), en términos de los patrones, aplicaciones y actuaciones de políticas públicas. Para explicarme en este breve espacio, pongo dos ejemplos: 1) En la lógica reformista, se buscó operar, primero, los cambios constitucionales o legales y después las modificaciones en el plano curricular y pedagógico; y 2) Se procedió a procesar y dar a conocer la propuesta de nueva "reforma curricular" para la educación básica al final de cada sexenio.

Una hipótesis que aventuro, formulo y argumento a lo largo del libro, acerca de por qué sucedió esto, es decir, por qué se dieron estas actuaciones de políticas públicas educativas y por qué son semejantes las acciones de los dos últimos gobiernos en este sector, es debido a la falta de un proyecto educativo nacional, integral, de reforma educativa, en el plano macro, y de sus consecuentes cambios curriculares, en los planos medio y micro.

En ambos casos, se trata de construcciones de diseño y ejecución de políticas públicas educativas que dependieron de las decisiones políticas arbitrarias, amplias y genéricas, así como de otras variables coyunturales que no necesariamente surgieron de las demandas sociales para transformar al sistema educativo nacional.

Mientras el gobierno de Peña Nieto anunció la reforma educativa "estructural" el día de la toma de posesión de la presidencia de la república el 1 de diciembre de 2012, el gobierno de López Obrador hizo algo parecido el 12 de diciembre de 2018, once días después de asumir el poder político nacional; ambas decisiones estuvieron centradas en concretar, primero, la reforma al texto constitucional, específicamente plasmada en las modificaciones al artículo 3, y años después se dieron las puestas en operación de los cambios curriculares.

El patrón de actuación política de estos dos gobiernos, al iniciar las acciones reformistas, a través de la modificación del texto constitucional y luego esperar las reacciones del sector social involucrado –el magisterio como actor protagónico, central, no unificado ni cohesionado–, se dio de forma semejante en ambos casos. ¿Por qué no se hizo al revés en estas coyunturas? ¿Por qué no procesar, primero, el consenso social y luego formalizar los acuerdos a nivel legislativo?

Como se podrá observar en el libro, el otro patrón político que también se generó durante las dos administraciones federales analizadas fue la puesta en operación de la reforma o cambio curricular para la educación básica al final del sexenio. Sin embargo, para este otro campo de estudio sugiero una interpretación argumentada diferente sobre estos hechos (porque aquí hay más matices): aunque los ingredientes y las formas fueron similares o parecidos, los contenidos de los discursos y las intencionalidades son o han sido relativamente diferentes.

De eso trata este libro, de enunciar los cambios, analizar las tensiones y pensar o repensar en torno a las resistencias que diferentes actores sociales han expresado sobre las dos modificaciones curriculares recientes y que se han sucedido en México (lanzadas en 2016-2017 y en 2022-2023 por parte de la SEP), a cargo de dos gobiernos que, aparentemente, son de orígenes ideológico-políticos diferentes, pero que, en esencia, conservan rasgos de identidad, de semejanza o que han mostrado un accionar parecido, significativo, en la concepción y aplicación de sus políticas públicas educativas.

El título y el subtítulo del libro representan un ir y venir entre estos dos planteamientos e interpretaciones analíticas sobre la realidad educativa actual: si bien los gobiernos proponen o imponen una orientación curricular (única, nacional y obligatoria) para la educación básica, se observa que coexiste, sin embargo, una significativa diversidad de culturas escolares en México, que se resisten, tensionan o favorecen el cambio, aun cuando la fuente de sostenimiento y la estructura organizativa de la escuela sea la misma, es decir, me refiero a lo que se ha dado en llamar "la escuela pública".

Cuando me refiero al concepto de "cultura escolar" me identifico con la caracterización que utilizan Tyack y Tobin (1994) y Tyack y Cuban (2001) acerca del carácter perdurable de la gramática escolar. Estos autores explican, a través de ese concepto, "la naturaleza estable y resistente al cambio de las prácticas y relaciones fundamentales dentro de la escuela. Son esas reglas que constituyen el 'núcleo duro' de la escolaridad las que definen en el imaginario social lo que es una 'verdadera escuela'. La consistencia de ese formato es lo que ha mantenido la legitimidad social de la educación. Los y las docentes han sido socializados en esta gramática como estudiantes y para el momento que inician su actividad profesional la asumen como natural, como 'la forma en que las cosas siempre han sido'. En este sentido, Tyack y Cuban (2001) aclaran que la gramática es descriptiva, al señalar cómo son las cosas y, al mismo tiempo, tiene una función prescriptiva al determinar cómo deben ser" (Retomo aquí el texto de Elías (2015). La cultura escolar: Aproximación a un concepto complejo, *Revista Electrónica Educare*, 19 (2), 285-301).

La estructura del libro está integrada por 30 textos divididos en dos partes. En la primera de ellas abordo "El cambio al currículo de la educación básica en México" (desde 2009 hasta 2023, aunque con especial énfasis en el período 2018-2023). Así, esta sección está compuesta de los siguientes capítulos: 1. Antecedentes: Cambios curriculares de la educación básica 2009-2011, que incluye el siguiente ensayo: La noción de "Competencias" en la Reforma de la Educación Básica de México (2009-2011): *Limitaciones y alternativas*.

El capítulo 2, que lleva por título: "El Modelo Educativo 2017", se compone de los textos: Luces y sombras del Modelo Educativo 2017 y Educar para la libertad y la creatividad.

El capítulo 3 "El cambio curricular de la educación básica 2022 en el contexto de la NEM", se integra con los siguientes textos: SEP: Discutir la noción de "Competencias Educativas"; El problema de las "Competencias" en la Educación; y Debatir la noción de competencias educativas.

En el capítulo 4, denominado: "La necesidad del cambio curricular en la educación básica", se incluyen los textos: SEP: Reorientación curricular 2022 y Texto constitucional y reforma curricular 2022.

Para el capítulo 5, que lleva por título: "Estructura, ejes y contenidos de la propuesta curricular SEP 2022" decidí la agrupación de los siguientes textos: SEP: ¿Agonía del "modelo competencial" en educación?; Sociedad, Democracia y Currículo; Escuela, currículo y sociedad y Preguntas en torno a la propuesta curricular 2022.

En el capítulo 6, que lleva por nombre "Alcances y limitaciones de la propuesta curricular SEP 2022", pueden leerse los siguientes textos: SEP: Limitaciones del modelo de competencias educativas; SEP: Alcances del nuevo plan de estudio 2022; y El cambio curricular (SEP, 2022) para la Educación Básica: ¿Adiós al enfoque "competencial"?

La segunda parte del libro tiene por título: "La cultura escolar de la educación básica" y está compuesta de los dos últimos capítulos de la obra: En el capítulo 7, titulado "Reflexiones y alternativas sobre cambio educativo y cultura escolar", se incluyen los siguientes textos: Aprendizajes curriculares explícitos y "ocultos"; El currículo oculto de "Aprende en Casa II"; El trabajo docente, la lectura y las élites; Empoderar a niñas, niños y jóvenes en pensamiento matemático y Escuelas Democráticas.

Por último, en el capítulo 8, denominado "Cultura escolar y pensamiento crítico", se integran los textos: SEP: Gatopardismo educativo; Riesgos del cambio curricular en educación básica; SEP: El cambio curricular y la lógica de la incertidumbre; SEP: Cambio curricular ¿Sin cambiar la escuela?; "Escolarización", Inmovilidad Educativa y Prioridades Sociales, y Educación y Pensamiento Crítico.

Para cerrar el volumen, se incluye una sección de consideraciones generales y conclusiones.

Espero que este material de lectura, generado durante la investigación desarrollada en el año sabático 2023-2024 (Universidad Pedagógica Nacional, Unidad Querétaro), sea de interés para quienes se dedican al estudio sistemático y al análisis de las políticas públicas educativas aplicadas en México durante la última década y, específicamente, en el periodo 2018-2023. Y confío en que quienes tengan en sus manos este texto, para debatirlo y cuestionarlo, sean no solo las y los directamente involucrados y comprometidos con la educación básica pública: docentes, directivos escolares, asesores técnicos, las y los estudiantes y sus familias, sino todas y todos los interesados en la educación pública que participan desde cualquier tribuna de la sociedad en general.

Huimilpan, Querétaro
Abril de 2024.

PREFACIO*

I

El sistema educativo está integrado, en cualquier nación por un conjunto de instituciones, públicas y privadas, reguladas por el Estado, que están orientadas y destinadas a asegurar el derecho a la educación. Es una red de organizaciones diversas, complejas en lo particular y en lo colectivo, cuyo eslabón final está representado, en la parte formal, por la escuela. Como un árbol gigantesco de manzanas, el sistema educativo tiene raíces, tronco, ramificaciones, hojas y frutos.

En México, el árbol es grande, viejo, diverso y caótico; si fuera un árbol de una selva, nuestro sistema educativo sería también como una casa habitada por muchos tipos de seres vivos que contribuyen, que se sirven o que interrumpen el logro o el crecimiento de jugosos frutos.

Si seguimos con esa imaginaria analogía, botánica y ecológica, las reformas educativas que se diseñan y echan a andar, como en el caso de México, son el conjunto de acciones que tienen el propósito de lograr que el árbol se revitalice y se nutra, para que reciba la atención técnica adecuada y esté en condiciones de producir frutos de "calidad". En su origen, la reforma educativa es una decisión política, que tiene impactos diferenciados en distintos niveles del sistema: en lo jurídico, legal, educativo, pedagógico, organizacional, burocrático, financiero, de obra y de comunicación, entre otros aspectos, que tienen la intención de "mejorar" de manera "continua" al sistema educativo.

A pesar de la claridad que nos pueda ofrecer esa analogía, la sociedad se pregunta: ¿qué reformar, cómo hacerlo, para qué y por qué reformar frecuentemente al sistema educativo?

---

* Para redactar este Prefacio retomé las ideas centrales de los textos siguientes: "La Educación y el Árbol de Manzanas", publicado en *SDP Noticias*, el 3 de septiembre, 2018: <https://www.sdpnoticias.com/columnas/educacion-manzanas-arbol.html>; "El vínculo entre Escuelas y Reforma Educativa, sobre alfileres", publicado en *SDP* Noticias, el 13 de mayo, 2019: <https://www.sdpnoticias.com/columnas/educativa-escuelas-reforma-vinculo.html>; y "SEP: no son los docentes ni los directivos, es el sistema", publicado en *SDP Noticias,* el 14 de septiembre de 2023: <https://www.sdpnoticias.com/opinion/sep-no-son-los-docentes-ni-los-directivos-es-el-sistema/>.

"Reformar" a la educación en realidad lo que significa, en sentido estricto, es emprender un gran proyecto nacional para transformar a las instituciones que integran al sistema educativo. Pero ¿realmente existe la necesidad de transformar al sistema educativo? ¿Y con tanta rapidez y frecuencia?

La hipótesis de los estudiosos de los procesos de cambio educativo, como Michael Fullan y Andy Hargreaves, señala que no todos los docentes y directivos escolares perciben de la misma manera la necesidad de la transformación educativa. Y no solamente eso, sino que existen distintas maneras de asumir el cambio debido a que los significados de la cultura escolar son diversos. En los años 70 del siglo XX, dice Fullan, "la gente adoptaba innovaciones sin cuestionarse por qué y se asumía el uso de las mismas, aunque... en la práctica pocas cosas estaban cambiando"[1].

La escuela, así, y en particular la escuela pública, cuenta con una "gramática cultural y educativa" que se preserva, que se mantiene y que le da sentido de estabilidad, de conservación, de tradición. En algunos casos se podría afirmar, incluso, que hay docentes y directivos escolares que, si bien no están en contra del cambio educativo *per se*, no encuentran la necesidad de emprender acciones para cambiar; son aquellos que, en la práctica, hacen de la escuela una institución esencialmente conservadora.

¿En realidad se puede transformar el sistema educativo? ¿En realidad se quiere transformar el sistema educativo?

Como decía al inicio de esta reflexión, el sistema educativo incluye instituciones públicas, desde el gobierno federal y los gobiernos estatales hasta los organismos burocráticos intermedios y unidades escolares; por lo tanto, incluye estructuras burocráticas no siempre dispuestas al cambio, sino todo lo contrario: son "entidades" que se resisten a cambiar. ¿Cómo pueden las iniciativas de reformas educativas mover esas estructuras burocráticas que son resistentes al cambio? ¿Cuál es el sentido y la profundidad del cambio?

Quienes tienen a su cargo la responsabilidad de crear condiciones para el adecuado desarrollo de lo educativo, en lo formal (políticos, administradores, burócratas o servidores públicos), generalmente impiden el paso o lo hacen lento, es decir, obstaculizan las oportunidades para llevar a cabo las acciones orientadas hacia el cambio, y ese impacto afecta, cotidianamente, a quienes directamente realizan las prácticas

[1] Michael Fullan, "El significado del cambio educativo: un cuarto de siglo de aprendizaje" *Profesorado*, revista de currículum y formación del profesorado, 6/2002 (1-2).

educativas (docentes, estudiantes, técnicos y directivos escolares que cuentan o no con el apoyo de las familias).

Se esperaría que la educación pública, luego de la aplicación de una o varias reformas, fuera la red de instituciones más potentes en las realizaciones educativas, que debiera contar con las condiciones físicas, operativas, materiales, financieras, normativas, didácticas y profesionales adecuadas para cumplir con sus propósitos.

En México, el precepto constitucional indica que se debe ejercer plenamente el derecho a la educación, con calidad y equidad, para todos las y los mexicanos. Sin embargo, por delante de los procesos de enseñanza y aprendizaje, se anteponen los procedimientos, los reglamentos, los lineamientos, las disposiciones, las prácticas educativas, en fin, las políticas públicas donde diversos segmentos burocráticos se oponen o interrumpen al cambio.

Al respecto Fullan afirma que "los cambios estructurales son necesarios, pero no suficientes para provocar un cambio significativo. Dicho de otra forma: entender un problema e identificar los cambios necesarios para corregirlo es diferente a saber cómo provocar dichos cambios" (misma obra citada).

Una de las conclusiones más importantes de los estudios de campo, realizados en escuelas por parte de Fullan y su equipo de colaboradores en Canadá, es la siguiente: "El cambio radical puede venir, solamente, a través del oportuno desarrollo de las capacidades individuales de los usuarios para participar activamente en un proceso que parte de capacidades limitadas, y que tiene, en cada nivel del mismo, una cierta inercia a transformar prácticas sutiles, y no tan sutiles, en viejos modelos ya existentes" (p. 31).

El árbol de la educación es diferente a cualquier otro árbol de manzanas. Aunque se aplique fertilizante a sus raíces o a la base de su tronco, se remueva la tierra y se proporcione suficiente humedad, los cambios que se dan son graduales y diversificados, y se generan en distintas zonas de la planta. El cambio no es uniforme, no es lineal, no es único, nacional ni obligatorio. El cambio educativo es irregular, gradual, regionalizado, zonificado, localizado y por escuelas. Por lo mismo, la promoción de iniciativas hacia el cambio puede surgir desde la raíz, desde las ramas, desde las hojas y desde los frutos mismos. Ahí está la diferencia. En ello radican los significados del cambio educativo que habremos de revisar en esta coyuntura, de manera colectiva, acerca de qué tipo de reforma educativa y curricular requiere el país.

II

Durante los últimos años he manifestado una posición crítica con respecto a la *Reforma Educativa de la 4T* (etapa de inicio 2018-2019). En particular, he expresado mi preocupación acerca del resultado de las negociaciones parlamentarias, entre los integrantes de Morena y la oposición priista y panista, y sus respectivos aliados políticos, en lo concerniente a las modificaciones al texto Constitucional (sobre todo al art. 3). Una primera conclusión, por el momento, sobre este tema es que dichas negociaciones han dado como resultado una suerte de cambios formales que generan "impulsos débiles hacia el cambio educativo", es decir, cambios ligeros, superficiales, "limitados", si se prefiere decirlo de manera políticamente correcta.

En otras palabras, se observan cambios generales (formalizados a nivel de marco legal) *no profundos ni radicales*, esto es, sin impactos de fondo ni "de raíz" (como lo planteó AMLO en campaña) en la base social del "sistema" educativo. Sobre todo, noto buenas intenciones sin efectos inmediatos en esa base que está constituida por las escuelas. Lamentablemente, si esta apreciación corresponde con la realidad, las cosas seguirán igual en términos de los procesos educativos y pedagógico-didácticos, que tienen lugar cotidianamente en estas.

A partir de los escasos "cambios" establecidos, a partir de la modificación al texto Constitucional, que tendrán bajo impacto en las escuelas y las aulas, se puede hablar de tres tipos de modificaciones formales, en una primera lectura del dictamen aprobado: 1) Cambios o agregados en los valores o principios vinculados con el derecho a la educación (igualdad sustantiva, respeto a la dignidad de las personas, universalidad, interculturalidad, inclusión y equidad, además de los ya existentes como obligatoriedad, gratuidad, laicidad y cobertura, entre otros); 2) Cambios o reciclaje en las líneas programáticas generales (rectoría del Estado sobre la Educación Pública; sistema de carrera profesional docente; creación de un organismo público "mejorador" de la educación; fortalecimiento de escuelas normales, entre otros); y 3) Cambios discursivos en la valoración de los actores educativos principales (niñas, niños, adolescentes y jóvenes —aunque faltó enfatizar en los adultos—, y reconocimiento de los derechos de los docentes y directivos escolares, en términos de su profesionalización permanente —aunque faltó revalorar la figura del asesor técnico—, entre otros aspectos).

Después de leer el dictamen aprobado por el Legislativo (mayo, 2019), observo que los vínculos entre las escuelas y la Reforma Educativa formal, actual (orientada hacia el cambio educativo) están sostenidos con alfileres. ¿Qué alternativas se podrían visualizar y proponer, desde las escuelas, frente a esta insuficiencia de las "buenas intenciones" establecidas en el texto Constitucional y los eventuales textos de las leyes secundarias, que en breve se empezarán a discutir? ¿Cómo ejercer el poder cultural y pedagógico, alternativo, que tienen las comunidades escolares para cambiar la realidad educativa del país? ¿En qué consisten la racionalidad y las propuestas de prácticas docentes, de asesoría y directivas diferentes, como para transformar el "sistema" educativo desde "abajo"?

Considero que, para responder parcialmente a estas preguntas, hay que recuperar las experiencias socio históricas. Una reflexión de la profesora Linda Darling-Hammon, por ejemplo, sugiere lo siguiente: "Humanizar las escuelas y reconocer el papel del profesorado en la toma de decisiones fueron, junto con cuestiones salariales, las reivindicaciones fundamentales de las manifestaciones y huelgas de los primeros sindicatos de profesores"[2], "Humanizar" como acción contraria a "burocratizar" a las escuelas; y *reconocer el papel del profesorado en la toma de decisiones*, en el sentido de practicar la "democracia" en el conjunto del "sistema" educativo (en los niveles macro, meso y micro).

Como lo escribí recientemente: ¿Cómo se podría dar un cambio profundo, un giro alternativo, frente a este panorama sombrío que se avecina para la educación pública? ¿Cómo se podría dar un salto progresista, que vaya más allá del "gerencialismo", y que reivindique un sentido democrático (desde las comunidades, desde lo local) de "lo educativo" en las políticas públicas, y en las concepciones y prácticas cotidianas de los actores en las escuelas y las aulas? ¿Cómo evitar que nuestras comunidades educativas queden aplastadas por la *racionalidad tecnocrática, gerencial y administrativa*?

Si bien es cierto que las modificaciones al marco constitucional, así como la modificación o creación de leyes secundarias, en materia educativa, son importantes, es verdad, así mismo, que dichos cambios se vuelven letra muerta si no aterrizan en transformaciones sustantivas y significativas tanto en las concepciones como en las prácticas cotidianas de los actores educativos. Y justamente por eso, la participación de do-

---

[2] Linda Darling-Hammon, *El Derecho a aprender. Crear buenas escuelas para todos*, Ariel: Barcelona, 2001. (En este libro se propone una perspectiva de análisis desde la "educación democrática").

centes, directivos escolares, asesores técnicos y estudiantes, junto con las familias de estos, juegan (y jugarán) un papel crucial en la dinámica de estos cambios desde "abajo".

Por eso afirmo que las acciones educativas más significativas y orientadas hacia el cambio solo se generarán desde las escuelas. Y eso tiene su propio sentido de profundidad: una cosa es cambiar desde "arriba" los valores o principios de la educación, para que sean adoptados por las comunidades educativas, y otra diferente, es lanzar una convocatoria para que sea desde "abajo", en las escuelas mismas, donde se produzcan los cambios educativos que en cada espacio local se requieran, en función de sus propias capacidades y necesidades específicas. Para ello, es preciso generar, así mismo, un conjunto de cambios en los modelos de organización intermedios, a nivel de directivos en zonas escolares, jefaturas de sector, jefaturas de departamentos y directores de áreas de gestión educativa y administrativa en las entidades federativas. Si no hay sintonía hacia el cambio entre el nivel de escuela (y aula) y las estructuras burocráticas educativas, habrá otro fracaso en esta nueva etapa de la Reforma Educativa.

Ese escenario adverso se evitará en la medida en que cambien las concepciones, métodos y prácticas educativas de los docentes, directivos escolares, asesores técnicos, estudiantes y sus familias, cierto; pero también se requiere de una renovación conceptual, estratégica y práctica de las burocracias educativas. En otros términos: en la medida que cambien las concepciones, métodos y prácticas de la "gestión burocrática" se contará con las *llaves* del cambio educativo; si los docentes, estudiantes, directivos escolares, padres y madres de familia, son más participativos, comprometidos y empeñados en generar cambios en sus respectivos espacios de acción, en esa medida también se harán realidad los principios y valores del derecho pleno de todas las personas a la educación.

Espero que, pasados estos cinco años, al hacer el balance o valoración de lo sucedido en materia educativa en México (2019-2024), no usemos aquella metáfora del buque transatlántico (representado por el complejo "sistema" educativo), que se mueve con un motor de lancha (reforma educativa limitada), para referirse al fracaso monumental que han vivido las sociedades contemporáneas frente al cambio educativo.

III

Para el discurso reformista de la educación, de 2013 en México, el problema de la "calidad" de la educación pública era (o es, según sus diseñadores) un asunto individual o de desempeños específicos de los docentes y de los directivos escolares. Por eso había que evaluarlos de manera obligatoria y con intencionalidades de exclusión. Otros hemos entendido de diferente manera a ese fenómeno: el problema de la "calidad" es estructural; es un problema del "sistema".

Y sí, es necesario evaluar las trayectorias docentes y directivas, pero con fines formativos y de retroalimentación, de manera voluntaria y sin exclusiones.

El concepto de "calidad" ha evolucionado. En un primer momento, el modelo estándar sobre la calidad la ubicaba en la línea de producción (antes de 1940), o sea, era responsabilidad de los trabajadores. En otro momento, con la creación del paradigma actual dominante (después de la Segunda Guerra Mundial, entre 1945 y 1950), el concepto de calidad se definió de modo diferente: esta tiene su origen y desarrollo en el "sistema", y más específicamente, en las decisiones que toman los diseñadores de los sistemas productivos y de prestación de servicios.

Cuando le preguntaron a W. Edwards Deming (1900-1993), estadístico estadounidense, profesor universitario, consultor y creador del concepto de "calidad total": "¿Dónde se hace la calidad?", él contestó: "En la sala de reuniones de la junta directiva".

Regreso al primer párrafo. Con toda intención escribo la palabra "calidad" entre comillas, porque sé que es un concepto controvertido, polémico, sujeto a revisión, por ello, cambiante, y sobre todo que no cuenta con los consensos universales como para considerarlo un término indiscutible y que, por lo tanto, sea de no obvia resolución.

Quizá el concepto de calidad que ha reunido los mayores consensos es la declaración de 2007, derivada de una reunión organizada por la oficina regional de la UNESCO en Santiago de Chile, en la cual se reivindicaba una noción de calidad de la educación con equidad, inclusión y respeto a los derechos.

En ese contexto, el tema de la evaluación de los profesionales de la educación (incluido el asunto de los incentivos económicos por desempeño) es un tema que genera amplias y profundas discusiones; sin embargo, estoy convencido que ese no es un asunto (la evaluación formativa) solo individual, sino también de los colectivos escolares, es decir, de las comunidades educativas.

Otro problema conceptual (y de la práctica educativa) es el que produjeron los reformistas del 2019, al introducir la noción de "excelencia" educativa en la constitución (art. 3), en lugar del de "calidad" (establecido en 2013). Si de por sí el concepto de calidad es un término problemático, el de excelencia representa doble o triplemente un conflicto teórico y metodológico, sobre todo por su ambigüedad (¿qué es lo "excelso" en educación?).

La definición de "excelencia" que establecieron las y los legisladores, en 2019 es el resultado de una mezcla de elementos tecnocráticos (como el de "máximo logro de aprendizaje") y un supuesto maquillaje para lucir como una definición elaborada desde el pensamiento crítico. Veamos:

El artículo 3°. de la Constitución política mexicana, reformado en 2019, establece en su fracción II: "El criterio que orientará a esa educación se basará en los resultados del progreso científico, luchará contra la ignorancia y sus efectos, las servidumbres, los fanatismos y los prejuicios. Además: (…) i) Será de excelencia, entendida como el mejoramiento integral constante que promueve el máximo logro de aprendizaje de los educandos, para el desarrollo de su pensamiento crítico y el fortalecimiento de los lazos entre escuela y comunidad".

Al momento de decir que el problema de la educación es de "sistema" es claro, sin embargo, que hay responsabilidades específicas que recaen en las y los trabajadores de la educación, es decir, en los profesionales de la enseñanza y del desarrollo de los aprendizajes escolares o de la gestión educativa. Además de las responsabilidades que descansan en el ámbito familiar y en las y los estudiantes.

Sería absurdo desconocerlo, no obstante, una buena parte de los efectos de la educación y de la formación integral de niñas, niños y jóvenes que se lleva a cabo en la escuela tiene que ver con factores sistémicos, institucionales, es decir, con el producto de las relaciones complejas que se ponen en movimiento en las oficinas de gestión y en las escuelas.

En ello juega un papel importante el ejercicio de políticas públicas educativas tanto a niveles macro y medio (decisiones y acciones basadas en normatividades federales y estatales) como en el nivel micro (decisiones y acciones basadas en marcos reglamentarios municipales o de jurisdicciones específicas a nivel de sector, supervisión escolar o centro de trabajo) que son parte de la operación concreta de la escuela.

Esto lo digo, entre otras cosas, por la discusión pública que se ha generado durante los últimos días en torno a la edición y distribución de los libros de texto gratuitos (por sus contenidos y eventuales usos) de educación primaria y secundaria. Y, junto con ello, por el debate sobre los cambios que se han establecido, a nivel curricular en educación básica, desde el replanteamiento de una visión educativa y pedagógica diferente hasta la concreción del plan y los programas de estudio.

Ante ello surgen algunas preguntas: ¿cuál es la responsabilidad de las y los docentes en estos procesos complejos de la educación pública? ¿Cuál es el papel o rol que juegan los directivos escolares, los funcionarios públicos y las autoridades educativas frente a estos asuntos? Para reflexionar sobre ello pienso, por ejemplo, en la decisión sobre la cantidad máxima de estudiantes por aula o por profesor (en España a esto le llaman "la ratio").

¿Cuál es el peso específico que tienen el nuevo currículo escolar, así como los auxiliares didácticos que se han puesto al alcance de las escuelas de manera centralizada (por ejemplo, con los libros de texto gratuitos)?

En fin ¿quiénes son los responsables de poner en práctica las políticas públicas educativas? Entendidas como acciones, discursos, orientaciones, reglas y creación de condiciones para que se haga efectivo el derecho a la educación, que son mediadas, negociadas o concertadas con los distintos grupos involucrados en esos procesos (por ejemplo, con las organizaciones gremiales).

Efectivamente, son los gobiernos, los funcionarios públicos y demás tomadores de decisiones, así como las diversas figuras educativas las responsables de ello, pero también lo son las sociedades que participan, directa o indirectamente, en esos procesos y que, al final de cuentas, son las instancias objetos y sujetos (estudiantes y sus familias) de ese que es un derecho principal de los derechos humanos: la educación pública.

Todo esto lleva a pensar si los sucesivos discursos reformistas que se han desplegado en México durante los últimos 30 años han modificado acaso, o no, los cimientos y la estructura completa del "sistema" educativo, o estos solo han sido un paliativo, que solo ha servido para colocar parches superficiales, pero no el fondo del asunto educativo.

Quizá en lo que habremos de ocuparnos, en el futuro cercano, es a rediseñar y a reconstruir al "sistema" a partir de las necesidades sociales y educativas y de las capacidades institucionales con las que contamos. A eso me refiero cuando hablo de pensar y reflexionar sobre el proyecto educativo para la nación de los próximos años y décadas.

El proceso de cambio se ha caracterizado por seguir un patrón según el cual las innovaciones se desarrollan fuera de los centros para ser transmitidas a ellos, posteriormente, en función de bases universales. Los consumidores o usuarios de dichas innovaciones (profesores, padres, alumnos) tienen un papel limitado en ese proceso, siendo considerados más bien como adoptantes pasivos de lo mejor de las innovaciones más recientes. Es notorio que la primacía se otorga a las innovaciones (que a menudo acaban en sí mismas) y no a la capacidad de los usuarios para innovar. En otras palabras, en lugar de considerar la innovación como parte de un universo de significados, las escuelas se interpretan como un mundo de adoptantes. Allá donde los usuarios sí innovan se trataba, a menudo, de un hecho individual, el resultado de un proceso permitido y no de un proceso participativo.

Michael Fullan
El significado del cambio educativo: un cuarto de siglo de aprendizaje

PRIMERA PARTE:
EL CAMBIO AL CURRÍCULO DE LA EDUCACIÓN BÁSICA

Capítulo 1

ANTECEDENTES: CAMBIOS CURRICULARES DE LA EDUCACIÓN BÁSICA 2009-2011

La noción de "Competencias" en la Reforma de la Educación Básica de México (2009-2011): Limitaciones y alternativas*

El análisis de competencias remite constantemente a una teoría del pensamiento y de la acción situados (Gervais, 1998); pero también del trabajo, la práctica como profesión y condición (Descolonges, 1997; Perrenoud, 1996c). Es decir, que nos hallamos en terreno pantanoso, a la vez que en el plano de conceptos e ideologías....

Philippe Perrenoud.
Diez nuevas competencias para enseñar,
Biblioteca para la Actualización del Maestro
México, SEP, 2004. p. 11.

De acuerdo con el reporte de la Organización para la Cooperación y el Desarrollo Económico (OCDE, 2001) denominado: "La Definición y selección de Competencias Clave"1, "...una competencia es más que conocimientos y destrezas. Involucra la *habilidad de enfrentar demandas complejas*, apoyándose en y movilizando recursos psicosociales (incluyendo destrezas y actitudes) en un contexto en particular. Por ejemplo, la ha-

* Texto publicado en la *Revista Iberoamericana de Educación* (2013).

[1] Resumen ejecutivo preparado por el grupo educativo de la Organización para la Cooperación y el Desarrollo Económico (OCDE, 2001; "OECD" por sus siglas en inglés), y traducido con fondos de la Agencia de los Estados Unidos para el Desarrollo Internacional (USAID).

bilidad de comunicarse efectivamente es una competencia que se puede apoyar en el conocimiento ("que posee o domina") un individuo del lenguaje, destrezas prácticas en tecnología e información y actitudes con las personas que se comunica".

Esta caracterización que publicó en 2001 la OCDE sobre las "competencias educativas" ha tenido repercusiones importantes en el rediseño de planes y programas educativos durante los últimos años en países miembros de ese organismo. Y quizá también constituye una aportación a favor de la necesidad de aclarar ese término ("competencias educativas") en el sentido "integrador" que el concepto demanda; por lo tanto, el equipo técnico de la OCDE habla de "competencias" dentro de un perfil menos fragmentario que aquellas versiones curriculares de la posguerra. Todo lo contrario, por ejemplo, de la lógica que llevaba implícita la taxonomía de los "objetivos educacionales" de Benjamin Bloom (1957) o de otras aproximaciones teóricas y metodológicas que se han especializado en el diseño, análisis y evaluación de programas educativos (como son los casos de J. Araujo y C. Chadwick, 1988; de R. H. Davis y cols., 1988; de Robert Gagné, 1977 o de R. Mager, 1970 y 1975, entre otros).

Es importante considerar que el modelo de planeación curricular, en general, y de planeación didáctica y diseño de ambientes de aprendizaje, en particular, que está implícito en el reporte de la OCDE, y cuyo fundamento teórico es el enfoque psicopedagógico "basado en el desarrollo de competencias", parece ser un modelo renovado de la taxonomía de los llamados "paquetes de aprendizaje"[2], sin embargo, no es el único ni el más completo de los modelos existentes en la literatura internacional, desde la perspectiva de la investigación educativa en materia de diseño curricular. Aunque –cabe decirlo claramente– a este modelo se le reconoce, hoy en día, como uno de los más influyentes en el diseño de los programas indicativos internacionales en el campo educativo, así como en el trazo de las políticas públicas educativas regionales o nacionales de todos los niveles y modalidades: desde posgrado hasta preescolar.

[2] La noción de "paquetes de aprendizaje" se desarrolló durante los años 70 del siglo XX, y se refiere a la integración de los distintos campos o áreas de aprendizaje durante los procesos de planeación didáctica (para ver más información al respecto, sugiero la lectura del libro de Robert Gagné: *Las condiciones del aprendizaje* (1977), donde el autor aborda los conceptos de: "habilidades intelectuales", habilidades psicomotrices", "información verbal", "estrategias cognoscitivas" y aprendizaje de "actitudes y valores", que perfeccionaron los dominios o áreas de la taxonomía de B. Bloom).

Pero esta renovación del modelo curricular no necesariamente ha impactado favorablemente en la cultura pedagógica, ni en las prácticas docentes dentro de las escuelas de las naciones que lo han adoptado, como decisión centralizada de los gobiernos nacionales o federales; sobre todo en aquellas sociedades donde se han iniciado procesos de reforma curricular de la educación formal o escolarizada (superior, media y básica, en ese orden) desde el año 1990, aproximadamente, a la fecha, tal como es el caso de México (SEP, 2009 y 2011[3]).

Dicho enfoque presenta, sin embargo, algunas limitaciones o inconsistencias en su núcleo argumentativo[4], mismas que conviene revisar con una actitud crítica:

a) La herencia marcada desde su creación ("la falla de origen"), ya que ese enfoque se deriva de la definición de "perfiles profesionales de desempeño": hay que recordar que los perfiles laborales de las profesiones pasaron por varias etapas o cambios; desde el diseño de puestos basado en o "por objetivos", al diseño centrado en propósitos, funciones, responsabilidades y, finalmente, por el desarrollo de "competencias".

b) En segundo lugar, el enfoque aludido está supeditado a la lógica de la "competencia social" como conjunto de conductas o comportamientos que pueden ser medidos o evaluados, a través de un estándar de desempeño o norma, y no necesariamente como una expresión de la actividad humana en términos del desarrollo integral de las personas. Por lo anterior, el enfoque educativo "orientado hacia el desarrollo de competencias" tiene la desventaja de quedar limitado por criterios pragmáticos, porque hace énfasis en los resultados acerca de lo que

[3] El Programa Sectorial de Educación 2007-2012 de México, así lo asume en su objetivo 1. "Elevar la calidad de la educación para que los estudiantes mejoren su nivel de logro educativo, cuenten con medios para tener acceso a un mayor bienestar y contribuyan al desarrollo nacional", bajo el rubro de Educación Básica, estrategia 1.1, señala la necesidad de "realizar una *Reforma Integral de la Educación Básica*, centrada en la adopción de un modelo educativo basado en competencias, que responda a las necesidades de desarrollo de México en el siglo XXI, estableciendo, entre otras líneas de acción, la de asegurar que los planes y programas de estudio estén dirigidos al desarrollo de *competencias* e involucrar activamente a los docentes frente a grupo en estos procesos de revisión y adecuación, y que esta acción tendrá como base los resultados de las evaluaciones del logro educativo, así como la de establecer estándares y metas de desempeño en términos de logros de aprendizaje esperados en todos sus grados, niveles y modalidades".

[4] César Coll y Elena Martín (2006), Vigencia del debate curricular. Aprendizajes básicos, competencias y estándares. II Reunión del Comité Intergubernamental del Proyecto Regional de Educación para América Latina y el Caribe (PRELAC). UNESCO-OREALC. Oficina Regional de Educación para América Latina y el Caribe. Santiago de Chile.

"sabe hacer" el sujeto evaluado y no tanto en los procesos educativos o en las acciones específicas que conducen a la obtención de dichos resultados (una evaluación superficial de los aprendizajes fundado con este enfoque diría lo siguiente con respecto al sujeto: "lo sabe o no lo sabe hacer…").

Con ello se sacrifica la riqueza del amplio espectro de "acciones intelectuales" (como, por ejemplo, de reflexión teórica, filosófica, ética, etc.), o bien del ámbito de las habilidades "psicomotrices" o "psicoemocionales", por poner algunos otros ejemplos que tienen lugar en la vida cotidiana de la educación escolarizada, y sobre todo cuando esto se da en la vida cotidiana de la Educación Básica (Preescolar, Primaria y Secundaria), que solo se justifica a cambio de favorecer la generación de respuestas concretas a evaluaciones "objetivas". En esa línea de ideas, los promotores del enfoque en cuestión (denominado: "de desarrollo de competencias") consideran que las personas son "competentes" al término de un proceso educativo porque "dan resultados" ante situaciones específicas (por ejemplo, un examen escrito), o porque pueden ser evaluadas o pueden demostrar sus conocimientos, habilidades o valores en términos de los "desempeños empíricamente verificables"[5]. Otra crítica interesante en este sentido es la que nos sugiere César Coll sobre los riesgos de tomar al concepto de "Competencias educativas" en sentidos extremos: como una moda o como un remedio[6].

[5] Xabier Garagorri en su artículo "Currículo basado en competencias: aproximación al estado de la cuestión" (*Revista Innovación Educativa*, No. 161), señala lo siguiente: "Hay una serie de conocimientos, de experiencias y de actitudes que hacen que seamos quienes somos, que son importantes para nuestra vida y que no desembocan forzosamente en competencias para resolver problemas, sino que sirven para comprendernos a nosotros mismos, a la sociedad o a la naturaleza. Conocimientos relacionados con la filosofía, la psicología, la antropología, la historia, la física, etc. Por ejemplo, Edgar Morin (2000) propone que hay siete saberes que considera fundamentales para la Educación: 1. Conocer lo que es conocer y evitar las cegueras del error y la ilusión. 2. Conocer los principios del conocimiento pertinente. 3. Enseñar la condición humana: reconocerse en los elementos comunes de la identidad de la especie humana y, al mismo tiempo, reconocer la diversidad tanto individual como cultural. 4. Tomar conciencia de la identidad terrenal. 5. Saber afrontar las incertidumbres. 6. Saber comprender. 7. Conducirse de acuerdo con la ética del género humano. Algunos de estos saberes tienen sentido en la medida en que se traducen en competencias para conocer, comprender, afrontar incertidumbres o conducirse de acuerdo con la ética, pero hay otros saberes que conforman nuestro pensamiento, memoria e identidad (en definitiva, nuestra forma de ser), que están más próximos del polo del pensamiento que de la acción y que tienen valor por sí mismos, independientemente de que pensamiento y acción se necesiten mutuamente".

[6] César Coll, "Las competencias en la educación escolar: algo más que una moda y mucho menos que un remedio", *Revista Innovación Educativa*, No. 161, s/f.

c) Existe también una tercera observación crítica: un intento de aplicación, de manera transferida del concepto "competencias": de la Educación Superior a la Educación Básica: Si bien la planeación curricular a partir del diseño basado "en el desarrollo de competencias" tiene cierto grado de éxito en la educación superior, dada la cercanía que esta tiene con los perfiles de egreso de los futuros profesionistas (recuérdese la creación del concepto: "perfiles profesionales de desempeño" en las carreras universitarias o en los programas de posgrado), en la Educación Básica, y eventualmente en la educación media superior, eso no ocurre o al menos la posibilidad de éxito es más remota, debido a la lejanía observada en la aplicación de los procesos y los resultados de los aprendizajes escolares, conforme a ciertos perfiles de egreso. Por esa razón la SEP (2009) ha publicado un perfil de egreso para la Educación Básica en general y ha logrado apenas definir estándares curriculares y aprendizajes esperados (2011), por nivel educativo: para la Educación Preescolar, Primaria y Secundaria)[7].

d) Una última reflexión crítica en torno al concepto de "competencias" en contextos educativos, tiene estrecha relación con lo expuesto por Coll y Martín (*op. cit.*), cuando exponen la siguiente pregunta:

> ¿Cuáles son los aprendizajes que todo el alumnado debería poder alcanzar en el transcurso de la educación básica?". A lo cual ellos mismos responden: "Desde hace ya algunos años el debate sobre los aprendizajes básicos refleja cada vez con mayor intensidad la tensión generada por la necesidad de atender a dos exigencias que parecen orientarse en direcciones opuestas. Por una parte, en el nuevo escenario social, económico, político y cultural que están contribuyendo a dibujar los movimientos migratorios, los procesos de globalización, las tecnologías digitales de la información y la comunicación, la economía basada en el conocimiento, etc., parece cada vez más evidente la necesidad de <u>incorporar nuevos contenidos</u> al curriculum de la educación básica. La convicción de que algunas competencias y contenidos de aprendizaje esenciales para el ejercicio de la ciudadanía en este nuevo escenario se encuentran escasamente representadas en el curriculum escolar está ampliamente extendida y se encuentra en la base de una demanda generalizada para subsanar con urgencia esta carencia. Esta demanda se ve además reforzada como consecuencia de la creciente "desresponsabilización social y comunitaria" ante la educación (Coll, 2003) que ha llevado a transferir a la educación escolar la responsabilidad de unos aprendizajes que hasta épocas recientes era asumida por otras instancias educativas, de socialización y de formación (familia, iglesia, agrupaciones políticas y sindicales, asociaciones diversas, etc.).

---

[7] Documento: SEP. Acuerdo número 592 por el que se establece la Articulación de la Educación Básica. México. Diario Oficial de la Federación. 19 de agosto de 2011.

Por otra parte, sin embargo, en muchos países amplios sectores del profesorado de la educación básica coinciden en valorar, y nosotros compartimos esa valoración, que es más bien imposible que el alumnado pueda aprender y el profesorado pueda enseñar todos los contenidos ya incluidos en los currícula vigentes. Se trata también de una valoración extendida, pero que conduce en este caso a subrayar la necesidad de una revisión del curriculum en una dirección opuesta a la anterior, es decir, orientada más bien a reducir los contenidos de aprendizaje. En efecto, las implicaciones altamente negativas para la calidad de la educación escolar de unos curricula sobrecargados y excesivos son de sobra conocidas[8].

Los investigadores españoles concluyen así su crítica: "... en estos niveles educativos (preescolar, primaria y secundaria) *no se puede enseñar todo lo que nos gustaría que los niños y jóvenes aprendiesen*; *ni siquiera lo que con toda seguridad es beneficioso que los niños y jóvenes aprendan*"... "Hay que hacer opciones. Hay que elegir. Cuando se amplían o se introducen nuevos contenidos o nuevas competencias en el curriculum de la educación básica, hay que recortar o excluir otros. Ni el curriculum ni el horario escolar son como chicle o una goma elástica. Los curricula sobrecargados que no tienen en cuenta este hecho son un obstáculo para el aprendizaje significativo y funcional, una fuente de frustración para el profesorado y el alumnado y una dificultad añadida para seguir avanzando hacia una educación inclusiva".

"...La toma en consideración de este principio y de sus implicaciones sugiere la conveniencia de explorar, y en su caso establecer, una distinción entre lo *básico imprescindible* y la *básico deseable* en el curriculum de la educación básica".

"El término 'básico' es utilizado habitualmente, en el marco del curriculum escolar y referido a la concreción de las intenciones educativas –aprendizajes esperados del alumnado definidos en términos de competencias o de contenidos de aprendizaje–, con una multiplicidad de significados interconectados e interrelacionados. Los contenidos y competencias identificados como básicos con el fin de justificar su presencia en el curriculum escolar remiten siempre a la realización de unos aprendizajes considerados necesarios para los alumnos. La polisemia del concepto reside no tanto en la supuesta necesidad de los aprendizajes, como en la finalidad o propósito para cuya consecución dichos apren-

[8] C. Coll y E. Martín, *op. cit.*, p. 5.

dizajes se consideran necesarios. Así, es habitual que la presencia de los contenidos o competencias en el curriculum de la educación básica se justifique argumentando que su aprendizaje es necesario para alcanzar uno o varios de los propósitos siguientes : a) para hacer posible el pleno ejercicio de la ciudadanía en el marco de la sociedad de referencia; b) para poder construir y desarrollar un proyecto de vida satisfactorio; c) para asegurar un desarrollo personal emocional y afectivo equilibrado; o d) para poder acceder a otros procesos educativos y formativos posteriores con garantías de éxito"[9].

Por lo anterior, es conveniente guardar distancia en torno a ese enfoque y no caer en el triunfalismo al afirmar que hoy "la educación moderna tiene su fortaleza en el diseño curricular orientado al desarrollo de competencias". Nada más alejado de la realidad. Y doble falta se tiende a cometer cuando los nuevos plan y programas de la Educación Básica (2011), no solo se han diseñado a partir de la noción de "desarrollo de competencias" (Preescolar en 2004, Secundaria en 2006 y Primaria en 2009), sino que se han elevado a rango de normatividad institucional (Acuerdo 592 de la SEP). Hoy en México la Educación Básica fundada en la idea de desarrollar las "competencias educativas" no solo constituye una propuesta técnica, sino un ideal y una normatividad que, por tanto, se ha convertido en Acuerdo o Reglamento para docentes, asesores académicos y directivos: los maestros y las maestras deben pensar y actuar conforme al modelo decretado y legitimado, a través de métodos o procedimientos centralizados[10], en el marco de un currículo escolar único, nacional y obligatorio.

Si bien es importante considerar la normatividad actualmente aprobada por la SEP (diseño curricular "basado en el desarrollo de competencias educativas"), es también relevante tomar en cuenta todos aquellos enfoques teóricos y metodológicos de la planeación curricular (y de su expresión operativa: la planeación didáctica), que den cuenta de criterios menos limitados y más ajustados a la realidad de la Educación Básica.

[9] C. Coll y E. Martín, *op. cit.,* p. 7.

[10] Acción No. V del proceso de elaboración del currículo: "Se construyeron consensos sociales sobre el currículo, que fueron resultado del trabajo de la Secretaría de Educación Pública del Gobierno Federal con las autoridades educativas locales, el Sindicato Nacional de Trabajadores de la Educación, así como con diversas instituciones públicas y otras instancias sociales y académicas –organizaciones de la sociedad civil, docentes, directivos, madres y padres de familia y/o tutores– que conocieron, opinaron y respaldaron el sentido de pertinencia y la calidad de la nueva propuesta". En: Acuerdo número 592… *op. cit.*, p. 8.

Es importante para ello considerar, en primer lugar, la definición de las "competencias clave" que elaboró o definió la OCDE, y posteriormente describir y analizar las competencias educativas definidas por la Secretaría de Educación Pública (SEP, México), en términos del perfil general de egreso de la Educación Básica.

1. Descripción de las "competencias clave" (OCDE) y "perfil de egreso" de la Educación Básica en México (SEP)

A continuación se describirán, en dos secciones, los siguientes puntos:

a) Las llamadas "Competencias Clave" que fueron definidas por la OCDE a finales de la década de los 90 e inicio del 2000, y b) el "perfil de egreso" de la Educación Básica, publicado por la SEP durante la década que recién concluyó (2000, 2004, 2006 y 2009).

a) Competencias Clave (Organización para la Cooperación y el Desarrollo Económico, OCDE): "Competencias clave" en tres amplias categorías:

"El marco conceptual del proyecto denominado por la OCDE "Desarrollo de Competencias Clave" (DeSeCo) clasifica dichas competencias en tres amplias categorías. Primero, los individuos deben usar un amplio rango de *herramientas para interactuar efectivamente con el ambiente*: tanto físicas como en la tecnología de la información y socio culturales como en el uso del lenguaje. Necesitan comprender dichas herramientas ampliamente, como para adaptarlas a sus propios fines, usar las herramientas de manera interactiva. Segundo, en un mundo cada vez más interdependiente, los individuos necesitan poder comunicarse con otros, y debido a que encontrarán personas de diversos orígenes, es importante que puedan *interactuar en grupos heterogéneos*. Tercero, los individuos necesitan poder tomar la responsabilidad de *manejar sus propias vidas, situar sus vidas en un contexto social más amplio y actuar de manera autónoma*" (p. 4).

Competencias clave		
1. Usar herramientas de manera interactiva (ejs.: lenguajes, tecnología)	2. Interactuar en grupos heterogéneos	3. Actuar de forma autónoma
Competencia 1-a: La habilidad para usar el lenguaje, los símbolos y el texto de forma interactiva	Competencia 2-a: La habilidad de relacionarse bien con otros	Competencia 3-a: La habilidad de actuar dentro del gran esquema o panorama
Competencia 1-b: Capacidad de usar este conocimiento e información de manera interactiva	Competencia 2-b: La habilidad de cooperar	Competencia 3-b: La habilidad de formar y conducir planes de vida y proyectos personales
Competencia 1-c: La habilidad de usar la tecnología de forma interactiva	Competencia 2-c: La habilidad de manejar y resolver conflictos	Competencia 3-c: La habilidad de afirmar derechos, intereses, límites y necesidades

"Estas categorías, cada una con un enfoque específico, están interrelacionadas, y colectivamente, forman la base para identificar y mapear las competencias clave. La necesidad de que los individuos piensen y actúen reflexivamente es fundamental en este marco de competencias. La reflexión involucra no solo la habilidad de aplicar de forma rutinaria una fórmula o método para confrontar una situación, también la capacidad de adaptarse al cambio, aprender de las experiencias y pensar y actuar con actitud crítica" (p. 4).

"Los individuos necesitan apoyarse en competencias clave que les permitan adaptarse a un mundo caracterizado por el cambio, la complejidad y la interdependencia. Estas competencias deben ser adecuadas para un mundo en donde:

- La tecnología cambia rápida y continuamente, y aprender a trabajar con ella no requiere dominio único de los procesos, sino también capacidad de adaptación.
- Las sociedades en su transformación son más diversas y fragmentadas, y las relaciones interpersonales requieren de mayor contacto con personas diferentes a uno.

- La globalización está creando nuevas formas de interdependencia y las acciones están sujetas tanto a influencias (como la competencia económica) y consecuencias (como la contaminación) que van más allá de la comunidad local o nacional del individuo" (p. 6).

Definiciones de competencias por campos de conocimientos del "Programe International for Student Assessment" (PISA):

Competencia en lectura: La capacidad de comprender, utilizar y reflexionar sobre textos escritos, para lograr sus propias metas, desarrollar su conocimiento y potencial, y participar en la sociedad.

Competencia en Matemáticas: La capacidad de identificar y comprender el rol que las matemáticas juegan en el mundo, hacer juicios bien fundamentados y usar y comprometerse con las matemáticas de formas que se logren satisfacer las necesidades de la vida propia como ciudadano constructivo, preocupado y reflexivo.

Competencia científica: La capacidad de usar el conocimiento científico, identificar las cuestiones científicas y concluir con base en la evidencia para comprender y ayudar a tomar decisiones sobre el mundo natural y los cambios hechos a través de la actividad humana.

Este marco de referencia conceptual se aplica igualmente a las "competencias" que deben desarrollarse en la escuela y a aquellas que pueden ser desarrolladas a lo largo de la vida. Por esta razón, también proporciona un solo esquema para desarrollar evaluaciones escolares y evaluaciones para las competencias de adultos. Parte central del concepto de "aprendizaje para la vida" es la afirmación de que "no todas las competencias que son relevantes para la vida", pueden ser proporcionadas por la Educación Básica, porque:

- Las competencias se desarrollan y cambian a lo largo de la vida, con la posibilidad de adquirir o "perder" competencias conforme se crece.
- Las demandas sobre los individuos pueden cambiar a lo largo de sus vidas adultas como resultado de transformaciones en la tecnología y en las estructuras sociales y económicas; y

- La psicología del desarrollo muestra que el desarrollo de competencias no finaliza en la adolescencia, sino que continúa a lo largo de los años adultos. En particular, la habilidad de pensar y actuar reflexivamente, que es parte central del marco, crece con la madurez.

b) Competencias y "perfil de egreso" para la Educación Básica en México (SEP)[11]

En el mundo contemporáneo cada vez son más altos los niveles educativos requeridos a hombres y mujeres para participar en la sociedad y resolver problemas de carácter práctico. En este contexto es necesaria una Educación Básica que contribuya al desarrollo de competencias amplias para mejorar la manera de vivir y convivir en una sociedad cada vez más compleja; por ejemplo, el uso eficiente de herramientas para pensar, como el lenguaje, la tecnología, los símbolos y el propio conocimiento; la capacidad de actuar en grupos heterogéneos y de manera autónoma.

La investigación educativa ha buscado precisar el término "competencias", coincidiendo en que estas se encuentran estrechamente ligadas a conocimientos sólidos; ya que su realización implica la incorporación y la movilización de conocimientos específicos, por lo que no hay competencias sin conocimientos.

Una competencia implica un saber hacer (*habilidades*) con saber (*conocimiento*), así como la valoración de las consecuencias de ese hacer (*valores* y *actitudes*). En otras palabras, la manifestación de una competencia revela la puesta en práctica de conocimientos, habilidades, actitudes y valores para el logro de propósitos precisos en contextos y situaciones diversas, por esta razón se concibe a la "competencia" como la movilización de conocimientos (Perrenoud, 1999). Lograr que la Educación Básica contribuya a la formación de ciudadanos con estas características implica plantear el desarrollo de competencias como propósito educativo central.

---

[11] Secretaría de Educación Pública (SEP), Plan y Programas. Educación Primaria. México (2009) y Acuerdo Secretarial 592 por el que se establece la articulación de la Educación Básica (2011).

2. El "perfil de egreso" de la Educación Básica en México

El perfil de egreso de la Educación Básica, según la SEP (publicado en 2009), tiene un papel muy importante en el proceso de articulación de los tres niveles del subsistema (Preescolar, Primaria y Secundaria), que constituyen esta etapa de escolaridad obligatoria en México. Las razones de ser de dicho perfil son las siguientes:

2.1. Definir el tipo de estudiante que se espera formar a lo largo de la Educación Básica.

2.2. Ser un referente común, tanto para la definición de los contenidos como para las orientaciones didácticas que guían el estudio de las asignaturas que forman el currículo.

2.3. Servir de base para valorar la eficacia del proceso educativo.

El perfil de egreso plantea un conjunto de rasgos que los estudiantes deberán mostrar al término de la Educación Básica, como garantía de que podrán desenvolverse en cualquier ámbito en el que decidan continuar su desarrollo. Dichos rasgos son el resultado de una formación que destaca la necesidad de desarrollar competencias para la vida, que además de conocimientos y habilidades incluyen actitudes y valores para enfrentar con éxito diversas tareas.

El logro de los rasgos del perfil de egreso supone una tarea compartida entre los campos de conocimiento que integran los planes de estudio de la Educación Básica.

Los planes y programas de estudio de Preescolar, Primaria y Secundaria en México se han construido de manera articulada y con el principio general de que la escuela en su conjunto, y en particular los docentes, dirijan los aprendizajes de los alumnos mediante el planteamiento de desafíos intelectuales, el análisis y la socialización de lo que estos producen, la consolidación de lo que se aprende y su utilización en nuevos desafíos para seguir aprendiendo. Así, el paso de los alumnos por la escolaridad básica se hará de manera coherente y sin traslapes o vacíos en las diversas líneas de estudio.

Como resultado del proceso de formación a lo largo de la escolaridad básica en México, el alumno mostrará los siguientes rasgos según la SEP (2009):

- Utiliza el lenguaje oral y escrito para comunicarse con claridad y fluidez e interactuar en distintos contextos sociales y culturales. Además, posee las herramientas básicas para comunicarse en una lengua adicional.
- Argumenta y razona al analizar situaciones, identifica problemas, formula preguntas, emite juicios, propone soluciones y toma decisiones. Valora los razonamientos y la evidencia proporcionada por otros y puede modificar, en consecuencia, los propios puntos de vista.
- Busca, selecciona, analiza, evalúa y utiliza la información proveniente de diversas fuentes.
- Interpreta y explica procesos sociales, económicos, financieros, culturales y naturales para tomar decisiones individuales o colectivas, en función del bien común.
- Conoce y ejerce los derechos humanos y los valores que favorecen la vida democrática, actúa y pugna por la responsabilidad social y el apego a la ley.
- Asume y practica la interculturalidad como riqueza y forma de convivencia en la diversidad social, étnica, cultural y lingüística.
- Conoce y valora sus características y potencialidades como ser humano; sabe trabajar en equipo; reconoce, respeta y aprecia la diversidad de capacidades en los otros, y emprende y se esfuerza por lograr proyectos personales o colectivos.
- Promueve y asume el cuidado de la salud y del ambiente, como condiciones que favorecen un estilo de vida activo y saludable.
- Aprovecha los recursos tecnológicos a su alcance, como medios para comunicarse, obtener información y construir conocimiento.
- Reconoce diversas manifestaciones del arte, aprecia la dimensión estética y es capaz de expresarse artísticamente.

3. Las denominadas "competencias para la vida"

La idea de "desarrollar competencias" moviliza y dirige todos estos componentes hacia la consecución de objetivos o metas concretos;

son más que el saber, el saber hacer o el saber ser. Las competencias *se manifiestan en la acción de manera integrada.* Poseer solo conocimientos o habilidades no significa ser competente: "se pueden conocer las reglas gramaticales, pero ser incapaz de redactar una carta; se pueden enumerar los derechos humanos y, sin embargo, discriminar a las personas con alguna discapacidad".

"La movilización de saberes (saber hacer con saber y con conciencia respecto del impacto de ese hacer) se manifiesta tanto en situaciones comunes de la vida diaria como en situaciones complejas y ayuda a visualizar un problema, poner en juego los conocimientos pertinentes para resolverlo, reestructurarlos en función de la situación, así como extrapolar o prever lo que hace falta. Algunos ejemplos de estas situaciones son: diseñar y aplicar una encuesta, organizar una actividad, escribir un cuento o un poema, editar un periódico. De estas experiencias se puede esperar una toma de conciencia de ciertas prácticas sociales y comprender, por ejemplo, que escribir un cuento no es solo cuestión de inspiración, pues demanda trabajo, perseverancia y método" (RIEB, 2009).

Las competencias que aquí se proponen contribuirán al logro del perfil de egreso y deberán desarrollarse desde todas las asignaturas, procurando que se proporcionen oportunidades y experiencias de aprendizaje que sean significativas para todos los alumnos y alumnas[12].

- *Competencias para el aprendizaje permanente.* Implican la posibilidad de aprender, asumir y dirigir el propio aprendizaje a lo largo de la vida, de integrarse a la cultura escrita, así como de movilizar los diversos saberes culturales, lingüísticos, sociales, científicos y tecnológicos para comprender la realidad.
- *Competencias para el manejo de la información.* Se relacionan con la búsqueda, identificación, evaluación, selección y sistematización de información; el pensar, reflexionar, argumentar y expresar juicios críticos; analizar, sintetizar, utilizar y compartir información; el conocimiento y manejo de distintas lógicas de construcción del conocimiento en diversas disciplinas y en los distintos ámbitos culturales.

[12] Secretaría de Educación Pública (SEP), Plan y Programas. Educación Primaria. México (2009).

- *Competencias para el manejo de situaciones.* Son aquellas vinculadas con la posibilidad de organizar y diseñar proyectos de vida, considerando diversos aspectos, como los históricos, sociales, políticos, culturales, geográficos, ambientales, económicos, académicos y afectivos, y de tener iniciativa para llevarlos a cabo, administrar el tiempo, propiciar cambios y afrontar los que se presenten; tomar decisiones y asumir sus consecuencias, enfrentar el riesgo y la incertidumbre, plantear y llevar a buen término procedimientos o alternativas para la resolución de problemas, y manejar el fracaso y la desilusión.
- *Competencias para la convivencia.* Implican relacionarse armónicamente con otros y con la naturaleza; comunicarse con eficacia; trabajar en equipo; tomar acuerdos y negociar con otros; crecer con los demás; manejar armónicamente las relaciones personales y emocionales; desarrollar la identidad personal y social; reconocer y valorar los elementos de la diversidad étnica, cultural y lingüística que caracterizan a nuestro país, sensibilizándose y sintiéndose parte de ella a partir de reconocer las tradiciones de su comunidad, sus cambios personales y del mundo.
- *Competencias para la vida en sociedad.* Se refieren a la capacidad para decidir y actuar con juicio crítico frente a los valores y las normas sociales y culturales; proceder a favor de la democracia, la libertad, la paz, el respeto a la legalidad y a los derechos humanos; participar tomando en cuenta las implicaciones sociales del uso de la tecnología; participar, gestionar y desarrollar actividades que promuevan el desarrollo de las localidades, regiones, el país y el mundo; actuar con respeto ante la diversidad sociocultural; combatir la discriminación y el racismo, y manifestar una conciencia de pertenencia a su cultura, a su país y al mundo.

4. El Acuerdo Secretarial 592 de la SEP[13]

"El *Plan de estudios 2011. Educación Básica* es el documento rector que define las competencias para la vida, el perfil de egreso, los Estándares Curriculares y los aprendizajes esperados que constituyen el trayecto

[13] Publicado en el Diario Oficial de la Federación el 19 de agosto de 2011, Secretaría de Educación Pública, México.

formativo de los estudiantes, y que se propone contribuir a la formación del ciudadano democrático, crítico y creativo que requiere la sociedad mexicana en el siglo XXI, desde las dimensiones nacional y global, que consideran al ser humano y al ser universal". Art. 2°. (D.O.F., 19 ago. 2011, p. 11).

PERFIL DE EGRESO	COMPETENCIAS PARA LA VIDA	ESTÁNDARES CURRICULARES	APRENDIZAJES ESPERADOS	PRINCIPIOS PEDAGÓGICOS Y/O ASPECTOS METODOLÓGICOS	NOTA TÉCNICA ACLARATORIA
El perfil de egreso plantea rasgos deseables que los estudiantes deberán mostrar al término de la Educación Básica, como garantía de que podrán desenvolverse satisfactoriamente en cualquier ámbito en el que decidan continuar su desarrollo. Dichos rasgos son el resultado de una formación que destaca la necesidad de desarrollar competencias para la vida que, además de conocimientos y habilidades,	"Una competencia es la capacidad de responder a diferentes situaciones, e implica un saber hacer (habilidades) con saber (conocimiento), así como la valoración de las consecuencias de ese hacer (valores y actitudes)". Art. 2°, pp. 14 (D.O.F., 19 ago. 2011). *Competencias para:* - *el aprendizaje permanente.* - *el manejo de la información.* - *el manejo de situaciones.* - *la convivencia.* - *la vida en sociedad.* Art. 2°, pp. 14 (D.O.F., 20-21 ago. 2011).	"Los Estándares Curriculares son descriptores de logro y definen aquello que los alumnos demostrarán al concluir un periodo escolar; sintetizan los aprendizajes esperados que, en los programas de Educación Primaria y Secundaria, se organizan por asignatura-grado-bloque, y en educación preescolar por campo formativo-aspecto. Los Estándares Curriculares son equiparables con estándares internacionales y, en conjunto	"Los aprendizajes esperados son indicadores de logro que, en términos de la temporalidad establecida en los programas de estudio, definen lo que se espera de cada alumno en términos de saber, saber hacer y saber ser; además, le dan concreción al trabajo docente al hacer constatable lo que los estudiantes logran, y constituyen un referente para la planificación y la evaluación en el aula. Los aprendizajes esperados gradúan	I.1. Centrar la atención en los estudiantes y en sus procesos de aprendizaje. I.2. Planificar para potenciar el aprendizaje. I.3. Generar ambientes de aprendizaje. I.4. Trabajar en colaboración para construir el aprendizaje. I.5. Poner énfasis en el desarrollo de competencias, el logro de los Estándares Curriculares y los aprendizajes esperados. I.6. Usar materiales educativos para favorecer el aprendizaje.	"...el aprendizaje de cada alumno y del grupo se enriquece en y con la interacción social y cultural, con retos intelectuales, sociales, afectivos y físicos, y en un ambiente de trabajo respetuoso y colaborativo". Art. 2°, pp. 12 (D.O.F., 19 ago. 2011). "La evaluación de los aprendizajes es el proceso que permite obtener evidencias, elaborar juicios y brindar retroalimentación sobre los logros de aprendizaje de los alumnos a lo largo

PERFIL DE EGRESO	COMPETENCIAS PARA LA VIDA	ESTÁNDARES CURRICULARES	APRENDIZAJES ESPERADOS	PRINCIPIOS PEDAGÓGICOS Y/O ASPECTOS METODOLÓGICOS	NOTA TÉCNICA ACLARATORIA
incluyen actitudes y valores para enfrentar con éxito diversas tareas. Como resultado del proceso de formación a lo largo de la Educación Básica, el alumno mostrará los siguientes rasgos. *a)* Utiliza el lenguaje materno, oral y escrito para comunicarse con claridad y fluidez, e interactuar en distintos contextos sociales y culturales; además, posee herramientas básicas para comunicarse en Inglés. *b)* Argumenta y razona al analizar situaciones, identifica problemas, formula preguntas,		con los aprendizajes esperados, constituyen referentes para evaluaciones nacionales e internacionales que sirvan para conocer el avance de los estudiantes durante su tránsito por la Educación Básica, asumiendo la complejidad y gradualidad de los aprendizajes". Art. 2°, pp. 14 (D.O.F., 19 ago. 2011).	progresivamente los conocimientos, las habilidades, las actitudes y los valores que los alumnos deben alcanzar para acceder a conocimientos cada vez más complejos, al logro de los Estándares Curriculares y al desarrollo de competencias". Art. 2°, pp. 14 (D.O.F., 19 ago. 2011).	I.7. Evaluar para aprender. I.8. Favorecer la inclusión para atender a la diversidad. I.9. Incorporar temas de relevancia social. I.10. Renovar el pacto entre el estudiante, el docente, la familia y la escuela. I.11. Reorientar el liderazgo. I.12. La tutoría y la asesoría académica a la escuela. "El centro y el referente fundamental del aprendizaje es el estudiante, porque desde etapas tempranas se requiere generar su disposición y capacidad	de su formación; por tanto, es parte constitutiva de la enseñanza y del aprendizaje. Los juicios sobre los aprendizajes logrados durante el proceso de evaluación buscan que estudiantes, docentes, madres y padres de familia o tutores, autoridades escolares y educativas, en sus distintos niveles, tomen decisiones que permitan mejorar el desempeño de los estu diantes. Por tanto, en la Educación Básica el enfoque formativo deberá prevalecer en todas las acciones de evaluación que se rea

PERFIL DE EGRESO	COMPETENCIAS PARA LA VIDA	ESTÁNDARES CURRICULARES	APRENDIZAJES ESPERADOS	PRINCIPIOS PEDAGÓGICOS Y/O ASPECTOS METODOLÓGICOS	NOTA TÉCNICA ACLARATORIA
emite juicios, propone soluciones, aplica estrategias y toma decisiones. Valora los razonamientos y la evidencia proporcionados por otros y puede modificar, en consecuencia, los propios puntos de vista. *c)* Busca, selecciona, analiza, evalúa y utiliza la información proveniente de diversas fuentes. *d)* Interpreta y explica procesos-sociales, económicos, financieros, culturales y naturales para tomar decisiones individuales o colectivas que favorezcan a todos. *e)* Conoce y ejerce los derechos humanos y los valores				de continuar aprendiendo a lo largo de su vida, desarrollar habilidades superiores del pensamiento para solucionar problemas, pensar críticamente, comprender y explicar situaciones desde diversas áreas del saber, manejar información, innovar y crear en distintos órdenes de la vida". Art. 2°, pp. 12 (D.O.F., 19 ago. 2011). "La planificación es un elemento sustantivo de la práctica docente para potenciar el aprendizaje de los estudiantes hacia el desarrollo de competencias. Implica organizar actividades de aprendizaje a partir de diferentes	licen". Art. 2°, pp. 15 (D.O.F., 19 ago. 2011).

PERFIL DE EGRESO	COMPETENCIAS PARA LA VIDA	ESTÁNDARES CURRICULARES	APRENDIZAJES ESPERADOS	PRINCIPIOS PEDAGÓGICOS Y/O ASPECTOS METODOLÓGICOS	NOTA TÉCNICA ACLARATORIA
que favorecen la vida democrática; actúa con responsabilidad social y apego a la ley. *f)* Asume y practica la interculturalidad como riqueza y forma de convivencia en la diversidad social, cultural y lingüística. *g)* Conoce y valora sus características y potencialidades como ser humano; sabe trabajar de manera colaborativa; reconoce, respeta y aprecia la diversidad de capacidades en los otros, y emprende y se esfuerza por lograr proyectos personales o colectivos. *h)* Promueve y asume el cuidado de la salud y				formas de trabajo, como situaciones y secuencias didácticas y proyectos, entre otras. Las actividades deben representar desafíos intelectuales para los estudiantes con el fin de que formulen alternativas de solución". Art. 2°, pp. 12 (D.O.F., 19 ago. 2011). "...el diseño de actividades de aprendizaje requiere del conocimiento de lo que se espera que aprendan los alumnos y de cómo aprenden, las posibilidades que tienen para acceder a los problemas que se les plantean y qué tan significativos son para el contexto en	

PERFIL DE EGRESO	COMPE-TENCIAS PARA LA VIDA	ESTÁN-DARES CURRICU-LARES	APREN-DIZAJES ESPERA-DOS	PRINCIPIOS PEDAGÓ-GICOS Y/O ASPECTOS METODO-LÓGICOS	NOTA TÉCNICA ACLARA-TORIA
del ambiente como condiciones que favorecen un estilo de vida activo y saludable. *i)* Aprovecha los recursos tecnológicos a su alcance como medios para comunicarse, obtener información y construir conocimiento. *j)* Reconoce diversas manifestaciones del arte, aprecia la dimensión estética y es capaz de expresarse artísticamente.				que se desenvuelven". Art. 2°, pp. 13 (D.O.F., 19 ago. 2011).	

5. El Pensamiento estratégico y el aprendizaje autónomo como alternativas: hacia la búsqueda de nuevos criterios y un lenguaje diferente

En un esfuerzo por conciliar al diseño curricular basado "en el desarrollo de competencias educativas" con un enfoque más completo y menos limitado (el enfoque centrado en el *Pensamiento Estratégico y el Aprendizaje Autónomo*[14]), en la sección que a continuación se presenta se

[14] Una Pedagogía basada en el *Pensamiento Estratégico* de los alumnos es una conjugación de

describen algunos ejemplos de aprendizajes esperados durante el desarrollo del alumno de Educación Primaria por ciclo trianual (1°., 2°. y 3°. grados constituyen la etapa o periodo I; mientras que 4°., 5°. y 6°. grados, la etapa o periodo II), mediante una caracterización, no solo marcada por criterios anclados en las denominadas "competencias clave", sino por criterios fundados en las dinámicas del "saber cómo", el "saber por qué", "saber para qué" y en el "saber por cuenta propia".

Propuesta general de "aprendizajes genéricos esperados" durante y al término de la Educación Primaria, por etapa trianual (incluye campos de conocimientos, habilidades psicomotrices y actitudes-valores):

a) Educación Primaria. Etapa o periodo I: Primero, segundo y tercer grados

Aprendizajes genéricos en el campo del Pensamiento Estratégico, en términos de "saber cómo", "saber por qué", "saber para qué" y "saber por cuenta propia":

Al concluir el tercer grado de Educación Primaria, el alumno: Desarrollará algunas habilidades clave en los ámbitos del lenguaje y la comunicación (orales y escritas), a efecto de intercambiar ideas, mensajes y puntos de vista; también desarrollará algunos estilos de interacción en los ámbitos del desarrollo personal y social, con la finalidad de lograr una adecuada relación con los otros; consolidará el pensamiento matemático, a través del manejo de nociones, procedimientos básicos y la comprensión de principios sobre el sentido numérico, y para resolver problemas de formas, espacios y medidas, y manejo de la información relacionados con prácticas sociales; se iniciará en el ejercicio de actitudes hacia la exploración y conocimiento del mundo, para comprender el entorno tanto natural como social, y actuar a favor de su preservación o armonía; tendrá gusto por la expresión artística, como medios para el desarrollo de la persona y el equilibrio de la subjetividad y la creatividad; además, identificará a la familia, sus hábitos y costumbres, así como sus tradiciones y valores, tanto sociales como culturales, con la

reflexiones y planteamientos teóricos y metodológicos en torno a los procesos de desarrollo de los saberes estratégicos ("saber cómo y por qué") y saberes autónomos ("saber por cuenta propia"), que pretenden ir más allá de los objetivos conductuales de B. Bloom, cuya característica esencial es la ejecución de actividades didácticas a través de asociaciones entre el "ambiente" y la "conducta"; así como más allá del enfoque por "objetivos o propósitos de aprendizaje", que tiene una fuerte carga directiva, generalmente centrada en la labor del docente ("enseñanza"), y que ubica en un lugar periférico a las actividades de aprendizaje del alumno.

intención de adaptarse de manera positiva en ese ámbito. Finalmente, desarrollará las capacidades para socializar e integrarse, así como para trabajar en equipo, con la finalidad de valorar las ventajas y beneficios que trae consigo estas actitudes y aptitudes individuales y colectivas.

b) Educación Primaria. Etapa o periodo II: Cuarto, quinto y sexto grado

Al terminar el sexto grado: Los alumnos mostrarán dominio de las habilidades en los ámbitos del lenguaje y la comunicación (orales y escritas); así como aprovecharán las condiciones y los medios para lograr su desarrollo personal y social, en contextos sociales de mutuo respeto y autonomía ante sus compañeros, maestros y autoridades; ejercitarán el pensamiento matemático tanto en el uso de herramientas propias de este campo del conocimiento como en el planteamiento y solución de problemas sobre el sentido numérico y pensamiento algebraico, así como de formas, espacios y medidas, y manejo de la información; presentarán actitudes y habilidades hacia la exploración y conocimiento del mundo, a través del diseño, desarrollo y evaluación de proyectos de aprendizaje en ciencias y otras evidencias relacionadas con ese campo formativo; tendrán gusto por la expresión artística como un medio seguro para ejercer la creatividad y la libertad de pensamiento; además, dominarán los conocimientos sobre la familia, sus hábitos y costumbres, así como sus tradiciones, códigos y valores éticos, tanto personales como sociales y culturales, a efecto de llevar a cabo una relación equilibrada con los demás. Ejercitarán y contribuirán al desarrollo de capacidades para socializar e integrarse en distintos contextos sociales, así como para colaborar en equipo de manera productiva, propositiva y autónoma.

En otras palabras, al término de la Educación Primaria y en el contexto de estos ejemplos, el alumno: Empleará el lenguaje escrito y oral con fluidez y de manera comprensiva; analizará situaciones, planeará y solucionará problemas tanto del ámbito de las Matemáticas como de las Ciencias en general; expresará sus ideas con base en argumentos; será capaz de interpretar y opinar en torno a procesos naturales, sociales e históricos; identificará, discutirá y ejercerá los derechos humanos y los valores ciudadanos (equidad de género, democracia, igualdad, transparencia, desarrollo sustentable, responsabilidad social, entre otros), en un marco de confianza, equidad e inclusión educativas; presentará actitudes científicas de curiosidad y creatividad, así como de búsqueda autónoma de información y cuestionamiento de teorías o enfoques sobre los fenómenos naturales, tanto de su persona como de su entorno; aplicará el pensamiento científico, humanístico y tecnológico de manera crítica y reflexiva ante fenómenos naturales y sociales de su entorno y universales; apreciará la expresiones artísticas y establecerá relaciones sociales con base en un desarrollo personal y social equilibrado y adecuado a su edad. Dominará y desarrollará capacidades para socializar e integrarse en distintos contextos sociales, así como para trabajar en equipo de manera productiva, propositiva y autónoma, tanto con personas de su edad como con personas mayores.

Conclusiones

1. El modelo que ha servido como fundamento para emprender la Reforma Curricular actual (2009-2011), de la Educación Básica en México, es el denominado modelo de "desarrollo de competencias o para la vida", el cual no es el único existente en la literatura moderna de la investigación educativa relativa al diseño curricular (un enfoque alternativo, por ejemplo, que se ha manejado en Italia, es el modelo llamado "histórico").

2. Cuando la estructura y los argumentos de un modelo de planeación que pretende fundamentar una reforma curricular nacional de la Educación Básica se someten de manera centralizada al examen de los especialistas e investigadores pares en diseño y análisis curricular, y de la sociedad civil en general, y dicho modelo se convierte en *norma establecida*, como es el caso que se menciona en este ensayo, este pierde una parte importante de su legitimidad académica y su consistencia técnica. Una situación como esta genera importantes resistencias, en términos de la actuación de los agentes educativos que operan o hacia los que está destinada dicha reforma: docentes, alumnos, directivos, asesores técnicos, personal de apoyo y sociedad en general.

3. Por lo anterior, es de suma importancia dedicar todos los esfuerzos institucionales que sean necesarios y pertinentes, para que las figuras centrales del cambio y la mejora, es decir, los docentes, reconozcan la estructura y los argumentos de la Reforma en cuestión, a través de procesos de capacitación, actualización y profesionalización continua o

permanente, en un clima de mediación y consenso, que permitan a su vez una adecuada preparación académica y actitudinal, como requisitos indispensables para transformar las prácticas educativas y didácticas y, en consecuencia, mejorar los aprendizajes escolares.

4. Dichos procesos deberán orientarse hacia la transformación tanto de la práctica docente como de la operatividad didáctica esperada, desde el nuevo diseño curricular, y como parte sustantiva del perfil de profesionalización definido en torno a las funciones, responsabilidades compartidas y efectos o impactos sociales e individuales de la enseñanza.

5. Si bien existe una sistematización y reorganización de la taxonomía de los "paquetes" de aprendizajes, a partir del enfoque centrado en el (la) alumno(a) para "desarrollar en él o ella las competencias educativas", el cual está definido en el nuevo currículum escolar (a sugerencia de expertos de la OCDE y adoptado por los gobiernos de los países miembros), dicho modelo presenta algunas limitaciones en sus argumentos, a saber: "Fallas de origen"; excesivas generalización y transferencia acerca de lo que se espera de los alumnos entre distintos niveles educativos; contradicciones en la selección de contenidos; fuerte énfasis en el "pragmatismo", entre otros.

6. En Educación Básica se requiere ir más allá del enfoque o modelo basado en el "desarrollo de competencias educativas", sobre todo cuando este se encuentra atrapado entre el pragmatismo ("saber hacer") y el uso mecánico de procedimientos ("saber cómo"), o se limita simplemente a promover estrategias que solo buscan que el sujeto "resuelva problemas prácticos" o "inmediatos".

7. Un modelo de Reforma curricular para la Educación Básica alternativo habrá de considerar y superar las inconsistencias o limitaciones del esquema "decretado", a efecto de buscar nuevas vías u orientaciones, a través del desarrollo de esquemas flexibles y centrados en el alumno: para que este "sepa hacer", pero que también se pregunte: ¿"para qué" hago eso? ¿"*qué sentido tiene…*"?; que el alumno "sepa cómo hacer o cómo desarrollar una actividad", pero que *comprenda* los procedimientos y logre distinguir entre distintos tipos de estos, y sepa también elegir estrategias adecuadas para solucionar problemas en un sentido

amplio, no coyuntural. Para ello el sujeto educativo requiere desarrollar el pensamiento estratégico ("saber cómo y por qué"), así como los principios del aprendizaje autónomo ("aprender por cuenta propia").

8. A partir de estos criterios sería conveniente e interesante desarrollar, en el aula y en las escuelas de educación básica en general nuevas rutas críticas para diseñar, aplicar y evaluar situaciones o ambientes a favor del desarrollo de los aprendizajes escolares y para la vida.

Referencias bibliográficas

Araujo, J. B. y C. B. Chadwick (1988). *Tecnología educacional.* Paidós (educador). Barcelona, España.

Bloom, Benjamin, S. (1978) *Taxonomía de los objetivos de la educación.* El Ateneo. Argentina. (Tomos I y II).

Coll, César. "Las competencias en la educación escolar: algo más que una moda y mucho menos que un remedio". *Revista Innovación Educativa*, nº. 161 (s/f).

Coll, César y Elena Martín (2006). *Vigencia del debate curricular.* Aprendizajes básicos, competencias y estándares. II Reunión del Comité Intergubernamental del Proyecto Regional de Educación para América Latina y el Caribe (PRELAC). UNESCO-OREALC. Oficina Regional de Educación para América Latina y el Caribe. Santiago de Chile.

Davis, R. H.; L. T. Alexander y S. Yelon (1988). *Diseño de sistemas de aprendizaje. Un enfoque del mejoramiento de la instrucción.* Trillas, 2ª. edición. México.

Gagné, Robert M. (1977) *The conditions of learning.* Holt, Rinehart and Winston. New York.

Garagorri, Xabier. "Currículo basado en competencias: aproximación al estado de la cuestión", *Revista Innovación Educativa*, nº. 161, s/f.

Mager, R. (1975) *La confección de objetivos para la enseñanza.* Ministerio de Educación. MINED (sin lugar de publicación).

Organización para la Cooperación y el Desarrollo Económico (OCDE, 2001). La definición y selección de Competencias Clave. Resumen ejecutivo preparado por el grupo educativo de la OCDE y traducido con fondos de la Agencia de los Estados Unidos para el Desarrollo Internacional (USAID).

Secretaría de Educación Pública (SEP, 2009). Plan y Programas. Educación Básica. Educación Primaria. México.

Secretaría de Educación Pública (SEP, 2011). Acuerdo secretarial 592 por el que se establece la articulación de la Educación Básica. Diario Oficial de la Federación, 19 de agosto de 2011.

Ficha bibliográfica:

Miranda Arroyo, Juan Carlos. (2013) "La noción de 'Competencias' en la Reforma de la Educación Básica de México (2009-2011): Limitaciones y alternativas". *Revista Iberoamericana de Educación,* vol. 61, núm. 4. OEI. https://rieoei.org/RIE/article/view/1069.

Capítulo 2

EL MODELO EDUCATIVO 2017

Luces y sombras del Modelo Educativo 2017*

"Lejos de sugerirse un 'deber ser' rígido, el modelo alienta una movilización pedagógica nacional que inyecte vitalidad a las diversas formas de enseñanza y de interacción de los docentes con sus estudiantes en el aula, para instaurar una sólida concreción curricular" (Modelo Educativo, 2017: 191, ver digital).

Hoy se dio a conocer en Palacio Nacional el Modelo Educativo para la Educación Obligatoria 2017. El documento, editado y difundido por las autoridades educativas federales (SEP), fue presentado en una ceremonia encabezada por el Presidente Peña Nieto, ante la presencia de Gobernadores, integrantes del gabinete del Ejecutivo Federal, autoridades educativas locales, académicos y representantes de distintos sectores sociales. Junto con la Ruta para la implementación del Modelo Educativo y la carta sobre los Fines de la Educación para el Siglo XXI, el nuevo Modelo Educativo, constituye la pieza psicopedagógica central de la Reforma Educativa de la actual administración.

Como lo escribí el año pasado, en ocasión del Modelo Educativo 2016, el documento pedagógico guía (el "corazón", le llamó Aurelio Nuño), es decir, el Modelo Educativo 2017, que representa el circuito "blando" de la Reforma, llega tarde a su cita, pues solo restan 18 meses para la conclusión del sexenio. Se prevé su aplicación durante el ciclo escolar 2018-2019.

A reserva de estudiar con más detenimiento el documento en cuestión, me referiré a cuatro aspectos del mismo en este comentario, con la intención de mostrar las luces y sombras que encuentro en una parte del texto, luego de una primera revisión. Los puntos son: 1) Tipo o clase

---

* Texto publicado en SDP Noticias, el 13 de marzo de 2017: <https://www.sdpnoticias.com/columnas/educativo-modelo-luces-2017.html>.

de Humanismo; 2) Los Principios Pedagógicos; 3) La Autonomía de Gestión Educativa y, 4) La formación continua de Docentes, Asesores y Directivos.

Dos luces dos: El posicionamiento desde un cierto tipo de Humanismo y el reordenamiento de los Principios Pedagógicos.

El texto del Modelo Educativo 2017 señala: "Desde este enfoque humanista, la educación tiene la finalidad de contribuir a desarrollar las facultades y el potencial de todas las personas, en lo cognitivo, físico, social y afectivo, en condiciones de igualdad; para que estas, a su vez, se realicen plenamente y participen activa, creativa y responsablemente en las tareas que nos conciernen como sociedad, en los planos local y global. Por ello, es indispensable identificar los conocimientos, habilidades, actitudes y valores que niñas, niños y jóvenes requieren para alcanzar su pleno potencial" (p. 59, versión digital).

¿Qué tipo de Humanismo está implícito en el Modelo Educativo establecido por la SEP? ¿Es un humanismo fenomenológico o un humanismo existencialista? ¿Un humanismo teocrático o neoliberal? ¿Un humanismo premoderno, de la modernidad "sólida" o un esquema armado desde la modernidad "líquida"? ¿A qué necesidad responde ese esfuerzo de posicionamiento ideológico y político en un documento con pretensiones pedagógicas?

Al parecer el carácter de "humanismo" que se deja ver, entre líneas, en esa redacción, en ese posicionamiento doctrinario, es el de la tradición jacobina, la tradición liberal, antropocéntrica, no teológica. ¿La SEP, Aurelio Nuño y sus asesores responden a la necesidad de separar o distinguir el humanismo conservador, teocrático, individualista del humanismo liberal, solidario?

Me queda claro que la idea humanista, cualquiera que sea su vertiente específica, centra su proyecto de sociedad en las libertades humanas, en el desarrollo científico y tecnológico, en las cualidades de la persona, y no en la subordinación del ser humano a las creencias o a los sistemas de fe. Ese es al parecer el punto de partida del Modelo Educativo 2017 (M.E. 17). Discutible en sus formas, pero indiscutible en el fondo. Sobre todo para lo que México requiere, desde una Filosofía humanista de la Educación del Siglo XXI.

Con respecto a los Principios Pedagógicos, veo que no hay cambios con respecto al reordenamiento que se presentó hacer un año en este rubro (ver cuadro anexo), es decir, entre el documento denominado el año pasado: Modelo Educativo 2016 y el nuevo Modelo Educativo 2017.

Dos sombras dos: la Autonomía de Gestión Educativa y la Formación continua de Docentes, Asesores y Directivos.

El tema de la autonomía de gestión, junto con el tema de la autonomía curricular, son dos puntos polémicos del nuevo Modelo Educativo 2017 y que no se sostienen ante la menor tormenta de críticas, es decir, cuentan con pocas posibilidades de defensa académica, formal.

¿Cuáles son las fronteras de la autonomía de la gestión educativa y escolar? ¿Un Supervisor o Supervisora puede ejercer su autonomía en la gestión educativa en la contratación de Asesores Técnicos Pedagógicos (ATP)? Y en la misma lógica: ¿Un director o directora de escuela puede aplicar la autonomía en la gestión escolar al contratar o rescindir el contrato de un docente? ¿Cuáles son los alcances de la autonomía de gestión en las escuelas multigrado, y especialmente en las escuelas unitarias (donde un solo docente atiende, en estas, a una comunidad educativa)?

Acerca de la autonomía curricular, el documento del M.E. 17 dice: "Cada comunidad escolar tendrá la facultad de diseñar parte del currículo, de acuerdo con las necesidades y los intereses de sus estudiantes y su contexto" (p. 54). Sin embargo, se aclara en otra parte (p. 76, en el cuadro sobre la autonomía curricular), que las modificaciones o adaptaciones curriculares pueden alcanzar 2,5 horas lectivas de 50 a 60 min. por semana; o hasta 20 horas a la semana en escuelas de tiempo completo... La flexibilidad termina en el plato del desayuno de la rigidez...

Con relación a la formación continua (aún sin tocar el amplio y difícil asunto de la formación inicial, que compete hoy en día a las Escuelas Normales), existen muchos puntos de incongruencia en el documento que hoy comentamos. Solo pongo como muestra un botón: en la página 19 (ver. digital) se indica, entre los aspectos nuevos o a resaltar del M.E. 17, que se dará... "Más énfasis en la necesidad de la formación en administración y gestión para los directivos", cuando lo que en realidad se necesita (de acuerdo con las tendencias mundiales), es la formación sólida, amplia, permanente y profunda (algunos le llaman profesionalizante) en liderazgo educativo o pedagógico no solo para directivos, sino también para favorecer la preparación de asesores técnicos y docentes.

En fin, queda mucho por decir y escribir en torno al M.E. 17. Hay que revisar a fondo, por ejemplo, el tema de la "Calidad" de la Educación, porque cuando de evaluaciones educativas se trata, se termina por medir los rasgos cuantitativos del sistema, del desempeño de docentes, del logro de los alumnos... pero no se consideran los aspectos cualitativos en que estos se desarrollan o sobreviven.

Por otra parte, el Modelo Educativo 2017 insiste en el tema y en la actitud institucional por preservar la *Meritocracia*: al respecto, la SEP se pronuncia de esta manera: (se dará pie a la) "Consolidación del Servicio Profesional Docente (SPD) como un sistema en el cual el ingreso, la promoción y los estímulos se asignan exclusivamente con base en el mérito profesional".

Un grano de congruencia: no se puede solicitar al Magisterio Nacional (al menos no moralmente hablando), que se instale o se someta a la lógica de la "Meritocracia" (lo cual por sí mismo no es negativo ni reprochable en ciertas condiciones o contextos), cuando en este país, para ocupar el cargo de secretario de Educación Pública, el único mérito que se tiene es ser amigo del Presidente de la República.

Hay que revisar con más detenimiento este tema de los criterios de la "Meritocracia", sin duda; pues si son criterios rigurosos, estos deben aplicarse a todos, incluidos los miembros del gabinete presidencial.

Principios Pedagógicos (comparativo 2011, 2016 y 2017		
SEP. Acuerdo 592. 2011	SEP. Propuesta Curricular, 2016	SEP. Modelo Educativo, 2017
1. Centrar la atención en los estudiantes y en sus procesos de aprendizaje	1. Enfocarse en el proceso de aprendizaje	1. Poner al alumno y su aprendizaje en el centro del proceso educativo
2. Planificar para potenciar el aprendizaje	2. Tener en cuenta los saberes previos de los alumnos	2. Tener en cuenta los saberes previos del estudiante
3. Generar ambientes de aprendizaje	3. Diseñar situaciones didácticas que propicien el aprendizaje situado	3. Ofrecer acompañamiento al aprendizaje
4. Trabajar en colocación para construir el aprendizaje	4. Reconocer la naturaleza social del conocimiento	4. Mostrar interés por los intereses de sus estudiantes
5. Poner énfasis en el desarrollo de competencias, el logro de los estándares curriculares y los aprendizajes esperados	5. Dar un fuerte peso a la motivación intrínseca del estudiante	5. Dar un fuerte peso a la motivación intrínseca del estudiante
6. Usar materiales educativos para favorecer el aprendizaje	6. Favorecer la cultura del aprendizaje	6. Reconocer la naturaleza social del conocimiento
7. Evaluar para aprender	7. Ofrecer acompañamiento al aprendizaje	7. Diseñar situaciones didácticas que propicien el aprendizaje situado
8. Favorecer la inclusión para atender a la diversidad	8. Reconocer la existencia y el valor del aprendizaje informal	8. Entender a la evaluación como un proceso relacionado con la planeación y el aprendizaje

SEP. Acuerdo 592. 2011	SEP. Propuesta Curricular, 2016	SEP. Modelo Educativo, 2017
9. Incorporar temas de relevancia social	9. Promover la relación interdisciplinaria	9.Modelar el aprendizaje
10. Renovar el pacto entre estudiantes, el docente, la familia y la escuela	10. Entender a la evaluación como un proceso relacionado con la planeación	10.Reconocer la existencia y el valor del aprendizaje informal
11. Reorientar el liderazgo	11. Superar la visión de la disciplina como mero cumplimiento de normas	11.Promover la relación interdisciplinaria
12. La tutoría y la asesoría académica a la escuela	12. Modelar el aprendizaje	12.Favorecer la cultura del aprendizaje
	13. Mostrar interés por los intereses de sus alumnos	13. Reconocer la diversidad en el aula como fuente de riqueza para el aprendizaje y la enseñanza
	14. Revalorizar y redefinir la función del docente	14. Superar la visión de la disciplina como un mero cumplimiento de normas

EDUCAR PARA LA LIBERTAD Y LA CREATIVIDAD**

Esto va más allá de un juego de palabras. Leo nuevamente el documento del Modelo Educativo (SEP, 2017), con la intención de revisar con calma y más detenimiento a qué se refiere la autoridad educativa federal, cuando utiliza el siguiente subtítulo para enmarcar el texto: "Educar para la libertad y la creatividad".

La inquietud surge por el hecho de saber cuáles son las razones del lenguaje seleccionado, así como identificar las ideas principales contenidas en el Modelo Educativo en cuestión. ¿Por qué se eligió darle ese subtítulo al planteamiento pedagógico de la actual Reforma Educativa? ¿Qué mensajes están implícitos al usar términos tan amplios y polisémicos como "libertad" y "creatividad"? ¿De qué tipo de "libertad" o "libertades" nos habla el documento oficial? ¿Qué noción de "creatividad" está implícita en la propuesta curricular?

En el cuerpo del documento mencionado, aparece once veces la palabra "libertad", pero no están organizadas de manera unificada, sino dispersa, con significados diferentes. Encontré cuatro acepciones al menos: 1) Para referirse a las libertades de las personas, en el marco

** Publicado en SDP Noticias, el 31 de julio de 2017 y en el libro *Cambio educativo y políticas públicas en México*, de Juan Carlos Miranda Arroyo (UPN, Unidad Querétaro, 2018). <https://www.sdpnoticias.com/columnas/creatividad-educacion-libertad.html>.

de uno de los pilares educativos de Jacques Delors: "Aprender a ser" (p. 60); también al ejercicio de las libertades ciudadanas y a la "libertad" en el contexto de la tradición humanista europea; 2) Para asociarlo al concepto de "Autonomía curricular", que por lo demás es relativa, es decir, una "libertad" o autonomía normada, acotada, para seleccionar contenidos de aprendizaje; es limitada pues solamente entre el 10 y el 20 por ciento de las horas curriculares, en la práctica, podrán ser abordadas a través de propuestas "autónomas" (p. 68); 3) Para definir una cuestión metodológica y más específicamente del orden de las didácticas, orientadas al sujeto que aprende: "el estudiante es libre de elegir temas o proyectos…" (p. 20); y 4) El término "libertad" también hace alusión, en el Modelo Educativo, a la noción de respeto a la libertad y "autonomía del docente" en el contexto de las prácticas de acompañamiento y fomento a la profesionalización (p. 67).

En efecto, todo mundo habla de "libertad", pero los significados cambian. ¿Libertad de quién o de quiénes, con respecto a qué, en qué sentido histórico, político, cultural o social?

Conclusión: no existe en el cuerpo discursivo del Modelo Educativo una línea coherente de ideas en torno al concepto de "libertad".

Por su parte, la palabra "creatividad" se escribió 16 veces, en un documento que contiene 80-81 páginas (consulté la versión en Word que se descarga del DOF). Los significados que encontré para este término son cinco: 1) Creatividad como habilidad del estudiante (saber hacer) dentro de uno de los rasgos del perfil de egreso (p. 11); 2) Como rasgo a desarrollar por parte del estudiante, en el ámbito de la "apreciación y expresión artísticas" (p. 14); 3) Como característica del docente para que "construya interacciones educativas significativas…" y esté abierto a la innovación metodológica (p. 16); 4) Como característica intrínseca de los nuevos métodos de enseñanza, esto es, para promover el aprendizaje basado en preguntas, problemas y desarrollo de proyectos, (p. 20); y 5) Como atributo de un modelo curricular abierto, contrario al "cerrado" que existía antes.

Con respecto a este último punto, lo que no dice el documento del Modelo Educativo de la SEP es que hoy seguimos padeciendo un currículo centralizado, único y obligatorio a nivel nacional; lamentablemente así lo marca la ley, al menos en la Educación Básica. Y esos, obviamente, no son los casos de los modelos educativos de otras naciones, cuya característica principal es la descentralización curricular.

Conclusión: no existe en el cuerpo discursivo del Modelo Educativo una línea coherente de ideas en torno al concepto de "creatividad". Más bien se trata de muchas nociones y significados de la "creatividad", aplicados a distintos contextos o situaciones.

El subtítulo que presenta el Modelo Educativo: "Educar para la libertad y la creatividad", no representa un esquema coherente y estructurado de ideas; por consiguiente, es un subtítulo sobrepuesto, que le quedó grande, y que no corresponde o no es representativo de lo contenido en el documento analizado. Si esto no es así, entonces ¿cuál es la intención de presentar muchos significados para ambos términos, además de situarlos en distintos contextos? ¿Hay un mensaje político o ideológico en el fondo del subtítulo? No lo sé. Eso tendrán que contestarlo los especialistas y asesores técnicos responsables de la redacción final del documento, y el propio Maestro Nuño como responsable de la SEP durante los dos últimos años de esta administración.

En fin, la revisión o no del subtítulo dependerá del margen de "libertad y creatividad" que tengan sus autores con respecto al poder o al grado de movilidad que le dejen sus compromisos políticos.

Para los que piensan que solo criticamos el Modelo Educativo y no proponemos nada, sugiero los siguientes subtítulos alternativos: "Educar para la autonomía y la innovación"; "Educar para el cambio y la solidaridad"; "Educar para la equidad y la vida democrática" o "Educar para el futuro y la razón"... Todos estos subtítulos podrían ser modulares o intercambiables, pues al ser sus conceptos tan generales y ambiguos como sucede con el subtítulo oficial actual, estos no presentarían dificultad y podrían ser quizá más representativos y coherentes con las ideas que están integradas en el cuerpo del documento. Más allá de un juego de palabras.

Capítulo 3

EL CAMBIO CURRICULAR DE LA EDUCACIÓN BÁSICA 2022 EN EL CONTEXTO DE LA NEM

SEP: Discutir la noción de "Competencias Educativas"*

La opinión pública mexicana (por cierto, ¿qué será eso?), en general, sin contar con conocimientos especializados sobre "las Pedagogías" ni sobre los procesos educativos, ha llegado a creer que la "Reforma Educativa", impulsada e impuesta por el gobierno de Enrique Peña Nieto este sexenio, fue correcta y conveniente para el país, pero que se politizó rápidamente. "Era buena –dicen algunos en forma prejuiciosa–, sin embargo, hubo muchas resistencias, especialmente de los maestros disidentes".

Don Federico Arreola, Mari Carmen Cortés, Adela Micha y Ciro Gómez Leyva, entre otros (todos ellos destacados e influyentes periodistas), han llegado a afirmar que la Reforma Educativa "era buena". Sin embargo, tal afirmación carece de análisis y sustento desde un punto de vista académico, ni está fundada en el conjunto de las discusiones especializadas que se han registrado sobre el tema. ¿Sería conveniente que tales personalidades se acercaran a los círculos de investigadores y profesionales de la educación como para complementar sus dichos y opinar sobre la Reforma aludida con más elementos de juicio?

Reconozco que, dentro de la comunidad académica especializada en temas educativos, sin embargo, hay quienes han tomado partido a favor de la mencionada Reforma. Como sabemos, el discurso pedagógico sobre los aprendizajes escolares defendido por la Secretaría de Educación Pública (SEP), que ha contado con el respaldo de un sector de investigadores educativos, está montado sobre todo en un concepto principal: las "competencias educativas". Sobre ello hay que discutir.

* Texto publicado en SDP Noticias, el 6 de agosto de 2018. <https://www.sdpnoticias.com/columnas/competencias-educativas-discutir-nocion-sep.html>.

Es un concepto polémico en sí mismo, que ha despertado amplia discusión entre académicos y especialistas en las comunidades de la investigación en México y el mundo. Esto ha sido así especialmente desde que dicho concepto fue usado como sustento teórico por la Organización para la Cooperación el Desarrollo Económicos (OCDE), para armar técnicamente las evaluaciones de los aprendizajes dirigidas a los jóvenes de los países miembros de ese organismo multinacional, a finales de la década de los años 90 (ese organismo multinacional es el creador de PISA, "Programa Internacional de Evaluación de Estudiantes", por sus siglas en inglés, que identifica los niveles de desarrollo de competencias a través de pruebas estandarizadas).

Aunque el concepto de "competencias" en la educación surgió en el ámbito del posgrado y en los estudios profesionales en los años 80, sus aplicaciones más recientes se han extendido hacia otros niveles educativos. El desarrollo del concepto de "competencias clave" (ver *key skills*, en la literatura científica), por ejemplo, en la Educación Básica (Preescolar, Primaria y Secundaria), a su vez está relacionado o emparentado íntimamente con el concepto de "aprendizajes clave" (para más detalles, ver mi comentario "Aprendizajes clave: ¿Las claves de la Educación?", SDP Noticias, 3 de julio, 2017). Según la OCDE: "Una competencia es más que conocimientos y destrezas. Involucra la habilidad de enfrentar demandas complejas, apoyándose en y movilizando recursos psicosociales (incluyendo destrezas y actitudes) en un contexto en particular. Por ejemplo, la habilidad de comunicarse efectivamente es una competencia que se puede apoyar en el conocimiento de un individuo del lenguaje, destrezas prácticas en tecnología e información y actitudes con las personas que se comunica"[1].

Desde el 2011, la SEP estableció en el Acuerdo 592 (sobre la Articulación de la Educación Básica), que: "Una competencia es la capacidad de responder a diferentes situaciones, e implica un saber hacer (habilidades) con saber (conocimientos), así como la valoración de las consecuencias de ese hacer (actitudes y valores)". Así que la adopción del concepto de "competencias" en educación, por parte de las autoridades educativas federales en México, no es nuevo.

El texto del Modelo Educativo 2016 (publicado oficialmente en 2017 por la SEP) indica que "El currículo nacional debe fomentar el desarrollo de competencias para la vida que son fundamentales. Una competencia

---

[1] OCDE, *La definición y selección de competencias clave*, 2001: Defining and selecting key competencies.

clave que estructura a otras es "aprender a aprender", que significa aprender a pensar, a cuestionarse acerca de los diversos fenómenos, sus causas y consecuencias, a controlar los procesos personales de aprendizaje, así como a valorar lo que se aprende en conjunto con otros... Una segunda competencia clave que está relacionada con el desarrollo de las habilidades socioemocionales de los niños y los adolescentes es 'aprender a convivir', ya que se trata de un fin que en nuestra época debemos enfatizar" (pp. 46-47).

El problema que presenta esta concepción teórica y metodológica (que por cierto no es muy novedosa, como ya lo afirmé, ya que la OCDE la ha utilizado desde finales de los 90), no es tanto lograr su definición o caracterización, sino valorar su pertinencia y sentido de oportunidad. Pero hay más argumentos en contra: tal como lo expresé en otra columna en este mismo espacio, hace dos años, hay también un problema de "uniformidad": "Acerca del diseño curricular para la Educación Básica, principalmente, conviene abrir la mirada hacia otros horizontes teóricos y establecer, en todo caso, una ruta crítica, plural, para lograr mayor dinamismo y diversidad en la plataforma pedagógica que da lugar y sustento a la selección de los contenidos, ya que una matriz genérica, única o uniforme (basada en el 'desarrollo de competencias clave'), agota las opciones creativas y cierra toda posibilidad de flexibilidad y de plasticidad que necesita la educación contemporánea; esto, en función de la diversidad cultural, étnica, lingüística, social, política y económica de las distintas regiones de México. Para ello, es de suma importancia retomar otros modelos de diseño curricular y, sobre todo, escuchar las voces de las figuras educativas, por su sabiduría y experiencia: maestros, maestras, directivos escolares, asesores técnicos, etc., así como la opinión de las figuras protagonistas de los aprendizajes: los niños, las niñas y los jóvenes que son los sujetos de la transformación educativa." (Ver "Sobre las competencias clave del Modelo Educativo 2016", SDP Noticias, 11 de agosto, 2016).

Este lunes, 6 de agosto 2018 y durante la semana, los docentes, directivos y asesores de educación básica de todo el país revisarán la Guía denominada: "Aprendizajes Clave para la Educación Integral. Guía de la Semana Nacional de Actualización, 6 al 10 de agosto de 2018", que recientemente fue publicada por la Subsecretaría de Educación Básica de la SEP. Algunas de las preguntas que surgen en torno a sus contenidos son: ¿En las sesiones de actualización se discutirán estos argumentos y fundamentos sobre la concepción educativa y pedagógica que tiene como base el concepto de "competencias", impuesto por la SEP a docentes, directivos y asesores técnicos de México? ¿Cuáles son los aspectos flacos, débiles, conflictivos o fuera de contexto social que se pueden identificar sobre estos contenidos y métodos designados (particularmente sobre la noción de "Aprendizajes clave")? ¿Con qué elementos podríamos proponer, juntos, docentes, directivos y asesores técnicos, los caminos alternativos frente a las limitaciones y la obsolescencia que presenta el modelo oficial basado en el "desarrollo de competencias"?

La Guía que el magisterio nacional habrá de seguir durante estos días está compuesta de cinco apartados (sesiones) que, a decir verdad, son insuficientes, porque están diseñadas para abordarse durante cuatro horas, durante cinco días: total, 20 horas. En la primera sesión se hará un análisis comparativo de los "Programas educativos": cambios y continuidades, ¿qué, cómo y con quién se aprende?" (En cada nivel de Preescolar, Primaria y Secundaria); en las siguientes sesiones se revisarán diversos temas como: "Los calendarios"; "La evaluación..."; "los materiales... 2018-2019"; así como "la implementación del componente Autonomía Curricular del Modelo Educativo..."; y en la última sesión se realizará "un ejercicio de planificación para iniciar el ciclo escolar". ¿Y luego, qué va a pasar después del 1 de diciembre en que entrará en funciones el nuevo gobierno federal, en medio de este esquema centralizado de la educación? ¿Hay alguna línea institucional por parte de los equipos de transición sobre este incierto asunto?

Ojalá que durante estos días previos al inicio del año lectivo 2018-2019, en cada grupo, cada escuela, zona o sector escolar las figuras educativas, quienes tienen a su cargo las actividades escolares, que son protagonistas de las prácticas educativas y pedagógicas cotidianas, asuman las responsabilidades correspondientes y se den a la tarea de crear condiciones para discutir de manera profunda y argumentada los fundamentos y presupuestos teóricos y metodológicos que ha utilizado la SEP en el Modelo Educativo 2017 (brazo pedagógico de la Reforma Educativa del sexenio que está por concluir), así como sobre la lógica del Plan y los Programas de estudio publicados, a efecto de no solo criticarlos, sino también para establecer los nuevos horizontes del cambio educativo que vamos a construir, más allá de la Reforma en cuestión, que va de salida; y delinear justamente qué tipo de educación queremos para las y los estudiantes en los siguientes años. ¿Qué criterios alternativos habrán de adoptarse para arribar a un cambio educativo verdadero, de raíz?

Por último, retomo un fragmento referente al tema de las "competencias educativas", seleccionado del libro del profesor Philippe Perrenoud, quien reconoce la complejidad y la falta de consenso sobre este asunto: "El análisis de competencias remite constantemente a una teoría del pensamiento y de la acción situados, pero también del trabajo, la práctica como profesión y condición. Es decir, que nos hallamos en terreno pantanoso, a la vez que en el plano de conceptos e ideologías"[2].

Que la discusión y las reflexiones sobre estos puntos esenciales del nuevo plan educativo alternativo 2018-2024 (con enfoque hacia la descentralización política, administrativa y pedagógica), con todo y sus conceptos y argumentos de fondo, se inicien lo más pronto posible en esta peculiar coyuntura política, social y educativa que vivimos en México.

El problema de las "Competencias" en la Educación[**]

Este lunes, en que este gentil espacio publicó mi comentario titulado: "SEP: Discutir la noción de 'Competencias Educativas'" (SDP Noticias, 6 de agosto, 2018), recibí algunos comentarios interesantes en redes sociales digitales sobre el contenido del texto, mismos que comparto y comento a continuación.

Ayer, entre otros, la doctora Laura Frade escribió, vía Twitter: "El autor del artículo cuenta con muchas imprecisiones teóricas, históricas y filosóficas sobre la noción de competencia y sobre el propio modelo educativo 2017 que las desdibuja. Aprendizaje clave NO es igual que competencia. Desde ahí el error en su interpretación".

Esta fue mi contestación: "Gracias por su interés, doctora Frade. Nunca, en el texto, afirmo que 'aprendizajes clave' sea igual a 'competencia'. Esa confusión la genera el propio texto oficial (ver glosario del Modelo Educativo 2017). Sobre las imprecisiones, le sugiero que lea mi texto del 2013" (Me refería al ensayo publicado hace cinco años, que lleva por título: "La noción de "Competencias" en la Reforma de la Educación Básica en México, 2009-2011: Limitaciones y alternativas", donde expongo, entre otros aspectos, un recorrido histórico acerca de la evolución de ese concepto)[3].

---

[2] Philippe Perrenoud, *Diez nuevas competencias para enseñar*, B.A.M. SEP, México, 2004, p. 11.

[**] Texto publicado en SDP Noticias, el 7 de agosto de 2018. <https://www.sdpnoticias.com/columnas/competencias-educacion-problema.html>.

[3] Juan Carlos Miranda Arroyo, "La noción de 'Competencias' en la Reforma de la Educación Básica en México (2009-2011): Limitaciones y alternativas", *Revista Iberoamericana de Educación*, vol. 61, núm. 4 (2013), OEI (versión digital).

No se trata de desdibujar nada. Más allá de las definiciones o categorías teóricas o filosóficas (que han sido abordadas a profundidad por diversos autores y para lo cual hay sus respectivos espacios de debate), considero que lo importante del comentario publicado el lunes es resaltar la actitud crítica; es decir, el hecho de que los docentes, directivos escolares y asesores técnicos de educación básica, durante sus jornadas de actualización y formación continua, justamente estén dispuestos a discutir, analizar, ponderar o valorar los presupuestos teóricos, filosóficos, históricos y metodológicos que "hay detrás" de los ideas que fueron seleccionadas por los asesores de la SEP (2016 y 2017), y que han servido de base para dar soporte tanto al Modelo Educativo (vigente) como al formato para trazar el diseño del plan y los programas de la Educación Básica, aprobados oficialmente en México (con el enfoque "competencial"). Esto incluye el análisis de los documentos de gobierno que toman como fuente dichos materiales impresos (como las Guías).

Pienso que el problema de la noción o concepto de "competencias" en la educación, es un asunto que comprende, entre otras interpretaciones, dos tipos de miradas: la primera, que adopta una concepción integracionista, "...que observa a la totalidad del educando, no lo divide en partes, como tampoco divide al conocimiento en disciplinas" (misma concepción que propone y defiende la doctora Frade); y la segunda, que sugiere una visión "fragmentaria" sobre las competencias (criticada con argumentos por la misma doctora Frade, cuando se refiere al Modelo Educativo 2016), que consiste en una "visualización del aprendizaje como cambio estrictamente cognitivo, (que) descarta a las competencias como médula central de la educación...". ¿Cuál es la diferencia entre una y otra mirada? Por lo que alcanzo a observar, al revisar un ensayo reciente de la propia doctora Frade[4], ella defiende al modelo "integral" que sobre las "competencias" sustentaba al Acuerdo 592 de la SEP, en 2011. Y critica al enfoque "fragmentario" de la propuesta oficial actual (Modelo Educativo 2016-2017); ambas concepciones fueron adoptadas por diferentes equipos de asesores de la SEP, según la coyuntura generada en cada caso.

Quizá lo más interesante de toda esta cuestión, es observar cómo ha evolucionado este concepto (de "competencias" en la educación) durante los procesos de formulación, revisión y rediseño de los contenidos

[5] Laura Frade Rubio, *Críticas y propuestas a la propuesta de plan curricular del Modelo Educativo 2016*. <http://www.calidadeducativa.com/articulos/Vol-09/Art-50-CrIticas-y-propuestas-a-la-propuesta-de-plan-curricular-del-Modelo-Educativo-2016.pdf>.

y métodos educativos en los diferentes contextos de las Reformas Educativas en México. A reserva de realizar un estudio sociohistórico más detallado, sistemático y riguroso al respecto, lo que queda claro es que, en la escena del diseño curricular mexicano, han tomado el "poder" o la "hegemonía" dos o más diferentes equipos de expertos o asesores, mismos que han estado, con sus diferentes versiones, matices y aproximaciones sobre este concepto, cerca o dentro del círculo más próximo, íntimo, de los diferentes titulares de la SEP.

Cabe recordar que entre 2009 y 2011 la dirigencia del Sindicato Nacional de Trabajadores de la Educación (SNTE) jugó un papel central en la definición de las políticas públicas educativas de ese tiempo (sexenio de Felipe Calderón). La hegemonía de la dirección del SNTE concluyó (al menos en la parte de la toma de decisiones educativas técnicas, no político-sindicales) en el año 2012-2013, cuando cambió el escenario político con el relevo en el gobierno y comenzó la gestión del presidente Peña Nieto.

Queda relativamente claro, entonces, que el problema de las "competencias" en la educación no solo es un asunto técnico, ni un campo únicamente de tensiones teóricas o metodológicas, sino también es un asunto ideológico, político y social complejo, donde impera el conflicto y las resistencias entre sectores de la comunidad académica, y cuya deliberación queda en manos de las políticas o de la alta *tecnoburocracia*, pero no de las y los docentes y directivos escolares en servicio, es decir, queda entre especialistas y expertos que están insertados en los diferentes grupos o espacios de decisión de las políticas públicas en la educación.

En otras palabras, los círculos cerrados de las corporaciones académicas más influyentes (públicas y privadas) siempre han estado presentes en los espacios de disputa del poder y de la toma de decisiones sobre los asuntos de la educación pública. Por ello afirmo que, hasta el momento, este ha sido un caldo que se ha cocinado "arriba", no "abajo".

Ojalá que los historiadores, sociólogos y antropólogos de la educación, así como los especialistas en Filosofía, Pedagogía y Psicología Educativa, se den a la tarea de estudiar este fenómeno, y con ello desentrañen las dudas que surgen o puedan generarse acerca del por qué hay diferentes aproximaciones sobre el concepto de "competencias" en tan poco tiempo, pero no solo eso: también sobre otros conceptos importantes como el de los "aprendizajes", la planificación de la "enseñanza", así como sobre los distintos modelos "didácticos", la evaluación educativa, los materiales o recursos, las finalidades del proyecto educativo y el papel de los sujetos en la educación, entre otros.

Punto y aparte para analizar y discutir es el fenómeno que se ha generado a partir de la aparición del discurso del diseño curricular (aproximadamente desde 1990 a la fecha) basado en el desarrollo de "competencias", sobre el cual se ha desarrollado, en países latinoamericanos, sobre todo, un amplio mercado de consumo de conocimientos y tecnologías. Algunas universidades privadas (como la del Valle de México, por ejemplo), ofrecen a la sociedad programas de posgrado (Maestría) "hiperespecializados" sobre el concepto de las "competencias en la educación" y sus derivaciones pedagógicas. También se han creado organizaciones de profesionales o asesores independientes que venden a los docentes y directivos de todos los niveles educativos cualquier cantidad de cursos, talleres y diplomados, libros y demás materiales de estudio, con supuestas guías o estrategias para que los participantes dominen el concepto de "competencias" en la escuela.

Cada uno de los grupos de profesionales y especialistas de la educación tiene derecho a promover sus productos y servicios de la manera en que mejor le plazca o reditúe. Sobre ello no hay discusión. Lo que no se vale es hacer creer a los docentes, directivos escolares y demás figuras educativas que la verdad universal, única e indiscutible en la educación contemporánea es el diseño curricular basado en el "desarrollo de competencias". Ese es uno de los problemas de las "competencias" en la educación en México y en el mundo.

Vayamos a otra opinión. El doctor Alejandro Castro Santander me escribió lo siguiente: "...Me gusta cómo has encarado el tema de las competencias en educación. En Argentina venimos trabajando con ellas desde 1993. Y como dice Perrenoud, no entró en la práctica de los docentes, porque no fue aprendida en su escolaridad ni en la formación superior... siempre fue teoría, cuando el modelo llama a la acción".

Así continúa el mensaje del doctor Castro Santander, especialista y líder académico en el tema de convivencia escolar en la Universidad Católica Argentina: "Personalmente, me gusta la síntesis del Informe Delors y los cuatro saberes (pilares), luego hablemos de las 'habilidades' para el s. XXI y la estrategia de las competencias (conocimientos puestos en acción) ¿Cuándo? Cuando la escuela que tenemos del s. XIX cambie, dando la oportunidad a la innovación con sentido... Mientras tanto, evito leer completos los trabajos que no le dan un lugar importante a las habilidades socioemocionales, al clima escolar, a la convivencia. Estos factores asociados a la calidad educativa hoy son 'prioridad educativa'". Completamente de acuerdo.

Agradezco a todos los maestros y las maestras, asesores y directivos que me han escrito para ampliar la discusión sobre estos temas. Estoy convencido en que ese es el único camino –la confrontación de ideas–, que nos permitirá sacar adelante a los nuevos y retadores proyectos educativos que vienen para la nación.

Debatir la noción de competencias educativas***

Una de las preguntas que han surgido en torno a las políticas públicas educativas del gobierno de la 4T, como parte de su tendencia al continuismo y como uno de los elementos de la crisis del reformismo educativo en México, es la siguiente: ¿Por qué no transformar o cambiar la idea de "competencias educativas" como noción y modelo principal que está detrás de los planes y programas de estudio de la educación obligatoria (básica y media superior)?

Los orígenes del concepto de competencias en educación

Aunque Emilio Ribes[5] dice que el primer autor en abordar la noción de "competencias" en la educación fue White durante los años 50, una de las principales influencias en la introducción de este concepto al ámbito de la educación, desde la década de los años 90 del siglo pasado, proviene de la necesidad de sistematizar la evaluación de *desempeño de los trabajadores del sector productivo* y de los círculos del mercado.

*** Texto publicado en SDP Noticias, el 23 de noviembre de 2021. <https://www.sdpnoticias.com/opinion/sep-debatir-la-nocion-de-competencias-educativas/>.

[5] Ver entrevista a Emilio Ribes, SDP Noticias (publicada en tres partes, en 2018). "El primero que habló de 'competencias' fue White en los años 50, no Chomsky... Y lo aplicó al análisis de la conducta animal... Es un término del lenguaje ordinario... Desde 1985 hablo del concepto de competencias... Para mí, es un concepto de interfaz entre la teórica básica y el campo interdisciplinario... El concepto de aprendizaje lo podemos articular con la noción de inteligencia, a través del concepto de 'competencia'. Luego lo abordo con un sentido funcional y desarrollo una clasificación de las competencias: 5 tipos generales de ellas... Después surgieron toda clase de nociones de competencias (con fuerte influencia comercial), sin un sentido, sin una definición en términos de logros (en ese sentido, pienso que es absurdo hablar de competencias como 'Pensamiento Crítico', por ejemplo)".

Como lo expuse en un texto publicado en 2013, la noción de competencias constituye un concepto hegemónico y central de las iniciativas que surge de los modelos económicos internacionales y de la agenda educativa confeccionada por sectores dirigentes u organismos de los llamados "países ricos" (OCDE), y cuyas aplicaciones se concretaron, primero, en los sectores productivos de bienes y servicios de las naciones miembros[6].

Es importante reconocer que el llamado modelo "competencial" o de desarrollo de competencias, que incluye un enfoque particular de planificación didáctica y de *diseño de ambientes para el aprendizaje*, centrado en el logro, formulado por los expertos de la OCDE, no es el único ni el más completo de los existentes en la literatura internacional de la investigación educativa, pero sí es uno de los más influyentes hoy como soporte técnico-metodológico de los programas indicativos internacionales y nacionales de la educación, así como de las políticas públicas locales, sin que ello necesariamente haya impactado en la transformación de la cultura y las prácticas docentes de las naciones que lo han adoptado, sobre todo en aquellas sociedades donde se han iniciado procesos de reforma de la educación desde el año 2000-2001, aproximadamente, a la fecha, como es el caso de México (SEP, 2009, 2011 y 2017).

Como antecedente, también, hay una referencia al concepto de "competencias", pero que fue expresada en otro contexto; pienso en la noción propuesta por Chomsky cuando expuso la idea de "competencias lingüísticas".

Necesidad o no del cambio de paradigma

¿Cuál es el sustento o fundamento teórico-metodológico del modelo educativo que eligió la SEP (es decir, sus especialistas) acerca del diseño curricular "competencial" adoptado en México, y concretado en planes y programas de estudio, durante el período de aplicación de las políticas públicas neoliberales (2000-2018)?

¿Por qué el gobierno de la Cuarta Transformación no ha tocado ni con el pétalo de una rosa dicho modelo "competencial"? ¿Las autoridades, funcionarios y especialistas de la SEP, así como de la Comisión Nacional MejorEdu, consideran que no es necesario cambiarlo, es decir,

[6] Ver un análisis más amplio en el texto: "La noción de 'competencias' en la Reforma de la Educación Básica en México", que fue publicado en la *Revista Iberoamericana de Educación*, 2013, 61/4.

están de acuerdo con este? Si dicho modelo se ha conservado durante los últimos tres años, ¿ello significa que no existe una intención de discutirlo ni de modificarlo durante el tiempo que resta del sexenio?

Es claro que, en esta materia más fina y específica, es decir, en los contenidos (en lo curricular) de la reforma educativa de la 4T, existe un vacío o carencia de un proyecto alternativo.

Acerca del diseño curricular para la educación básica, específicamente, conviene abrir la mirada hacia otros horizontes y establecer, en todo caso, una ruta crítica de discusión para lograr mayor dinamismo y diversidad en la plataforma pedagógica que da lugar a la selección de los contenidos, al abordaje de la enseñanza y a la evaluación de los aprendizajes, ya que una matriz genérica, única o uniforme (basada en el "desarrollo de competencias clave"), agota las opciones creativas y cierra toda posibilidad de flexibilidad que necesita la educación, esto en función de la diversidad cultural, étnica, lingüística, política y económica de las distintas regiones de México.

Para ello, es de suma importancia retomar otros paradigmas o modelos de diseño curricular (en la nota al pie proporciono la referencia de un texto donde expongo algunas propuestas) pero, sobre todo, es necesario escuchar las voces de las figuras educativas: los maestros, las maestras, los directivos escolares, asesores técnicos, etc., por sus conocimientos y experiencia, así como a las figuras o actores sociales que viven los procesos de aprendizaje: los niños, las niñas y los jóvenes, protagonistas centrales del derecho a la educación.

Vemos que, con frecuencia, se habla del término "desarrollo de competencias clave" (quizá para matizar), que a su vez está relacionado con el concepto de "aprendizajes clave" (aunque no necesariamente derive de él), y de ahí se ha pasado a los "aprendizajes esperados". ¿Acaso no requiere cambios este aparato conceptual?

Dice el texto del Modelo Educativo 2016-2017 (elaborado por la SEP del gobierno peñista) que "el currículo nacional debe fomentar el desarrollo de competencias para la vida que son fundamentales. Una competencia clave que estructura a otras es 'aprender a aprender', que significa aprender a pensar, a cuestionarse acerca de los diversos fenómenos, sus causas y consecuencias, a controlar los procesos personales de aprendizaje, así como a valorar lo que se aprende en conjunto con otros". Una segunda competencia clave que está relacionada con el desarrollo de las habilidades socioemocionales de los niños y los adolescentes es "aprender a convivir", ya que se trata de un fin que en nuestra época debemos enfatizar" (Nuevo Modelo Educativo, pp. 46-47).

Efectivamente, el desarrollo sistemático de las llamadas "competencias educativas clave" y los aprendizajes que están vinculados a estas, constituyen piezas centrales en el diseño curricular actual en la educación de las niñas, los niños y los jóvenes, en distintas latitudes del mundo y en México. Pero el problema que presenta esta concepción (que, por cierto, como ya dijimos, no es muy novedosa, ya que la OCDE la propuso desde los años 90, con la idea de las llamadas *key skills*), no es tanto su origen, definición o caracterización, sino su pertinencia y consistencia en relación con las necesidades educativas locales, su consistencia interna y su pretendida "neutralidad ideológica".

Capítulo 4

LA NECESIDAD DEL CAMBIO CURRICULAR EN LA EDUCACIÓN BÁSICA

SEP: reorientación curricular 2022*

El documento denominado "Marco curricular y Plan de estudios 2022 de la Educación Básica Mexicana", redactado por el personal técnico de la Dirección General de Desarrollo Curricular de la SEP (documento de trabajo que circula en redes sociales digitales desde la semana pasada), contiene la propuesta de reorientación curricular del actual gobierno 2018-2024.

El "Marco curricular…" aún está en proceso de elaboración, por lo tanto, sería conveniente hacer algunos comentarios una vez que este se encuentre completo y aprobado por las autoridades educativas federales. Sin embargo, es posible analizar algunos elementos en torno a lo que se ha publicado –oficial o extraoficialmente– hasta el momento.

¿Por qué no se hizo este trabajo antes? Por una sencilla razón: porque el actual gobierno de la República no tenía un proyecto educativo propio, en general, ni con un alcance en este nivel fino de intervención educativa (renovación curricular); porque no había una visión transformadora con elementos educativos específicos. En términos generales, el candidato López Obrador, antes de julio de 2018, hablaba de un "cambio de raíz" de la educación, pero nunca se pronunció a favor de promover una reforma curricular.

El proyecto de gobierno de AMLO solo había considerado eliminar, parcialmente, los "colmillos" que asomaba la reforma educativa anterior: en particular, la evaluación de desempeño, obligatoria, hacia las y los docentes, con efectos en la permanencia en el empleo. El o la docente que no reuniera los requisitos académicos establecidos por la

* Texto publicado el 3 de febrero de 2022. <https://www.sdpnoticias.com/opinion/sep-reorientacion-curricular-2022/>.

ley del servicio profesional docente (la constitución política modificada en 2013 estableció el término "idoneidad"), quedaría fuera del sistema educativo.

Digo "parcialmente" porque durante las negociaciones para sacar adelante a la reforma constitucional de 2019, el gobierno de AMLO, con Esteban Moctezuma al frente de la SEP, operó políticamente y aceptó que el modelo de evaluaciones hacia docentes, directivos escolares y ATP se mantuviera intacto, con excepción de la "punitiva" evaluación del desempeño.

Hoy, en esa lógica, la evaluación dirigida hacia las figuras educativas no es obligatoria, sino voluntaria. No es de "desempeño" ni excluyente, sino formativa. Sin embargo, la evaluación en este ámbito sigue siendo un modelo que auspicia las carreras individuales de quienes aspiran a lograr una promoción vertical u horizontal. Con dicho esquema, quedan fuera las propuestas para ponderar el trabajo colegiado, la labor colaborativa y el sentido comunitario de la docencia. Propuestas que, por cierto, se han hecho desde las escuelas y con argumentos emanados de la investigación educativa.

El patrón de letargo gubernamental al iniciar una reforma curricular tardía para la educación básica se confirma. Ayer como hoy, el gobierno federal (SEP) emprende una "reorientación" en los planes y programas en ese nivel educativo después de haberse cumplido el tercer año de la administración.

Pero hay otro patrón o conductas gubernamentales reiteradas: ese patrón es similar al que he señalado en este y otros espacios: la obsesión de los gobiernos de la República de "meterle" la mano al artículo tercero constitucional. Como si al reformar lo establecido en la Carta Magna, en automático, produjera cambios sustantivos en la base del sistema educativo nacional: en las escuelas.

Sabemos que eso no sucede así. Tanto la experiencia internacional como local indican que esa obsesión por emprender cambios legislativos no da frutos nutritivos en términos de los procesos educativos ni de sus resultados.

Pero más allá de ello, la simplificación o la ilusión legislativa se queda en retórica mientras las figuras principales de los procesos educativos se quedan relegadas de la deliberación pública.

La disputa por los proyectos y su conversión en políticas públicas educativas son asumidos por los gobiernos como producto de una lucha que se da en el terreno de las élites dirigentes: partidos políticos y legisladores; grupos empresariales y sus organizaciones filiales; especialistas o expertos asociados a ellos; funcionarios de alto nivel de los gobiernos federal y estatales; dirigencias sindicales; y, entre otros, tomadores de decisiones y operadores de los organismos internacionales, especializados o no en educación.

Aparte, también ha quedado registrado el patrón del cambio *fast track*, que consiste en modificar el artículo tercero de la Constitución Política mexicana durante el primer año de gobierno. Así lo hicieron tanto Peña Nieto como López Obrador. ¿Continuarán esos patrones equivocados (la ilusión legislativa) por parte de nuestros gobernantes en los futuros sexenios?

Cuando el gobierno de Peña Nieto inició el proyecto del "nuevo Modelo Educativo" (2015-2016) lo hizo como reacción a las críticas que había recibido su reforma laboral o administrativa, pero no pedagógica. Lo cual era paradójico e incongruente para el sector. Por eso Aurelio Nuño, titular de la SEP en ese entonces, tomó la iniciativa de promover la renovación curricular, entre otras acciones y decisiones de política pública.

Fue hasta el 2017 que se publicó el documento oficial. A un año de concluir el periodo de gobierno (noviembre de 2018). Algo similar sucede ahora: corre el cuarto año del periodo de gobierno federal, encabezado por AMLO. ¿Cuándo aterrizará en las escuelas la propuesta de reorientación curricular iniciada este año?

De manera oficial, la Secretaría de Educación Pública (SEP) convoca en estos días a los diversos actores involucrados en la educación básica, media superior y normal del país, así como a todo interesado en aportar propuestas, a participar en las Asambleas de análisis del plan y los programas de estudio para el diseño de los Libros de Texto Gratuitos para la Educación Básica, que se llevarán a cabo del 31 de enero al 25 de marzo de 2022 (Boletín SEP n.º 25).

Ojalá que se pudieran precisar los términos, porque el análisis del plan y programas de estudio es una cosa, y el diseño y elaboración de los libros de texto gratuitos para la educación básica, son una cuestión diferente.

El análisis y rediseño del plan y programas de estudio tienen que ver con la definición de los criterios para seleccionar contenidos, enfoques y métodos educativos (¿Saldremos por fin del oscuro túnel del enfoque "competencial"; habrá mayor flexibilidad para abonar a la autonomía de las escuelas?); mientras que el rediseño de los libros de texto tiene que ver con los recursos didácticos que están vinculados, directa e indirectamente, con el diseño curricular de base.

Como primer comentario al respecto, y por los términos de la convocatoria, queda la percepción de que las autoridades educativas y los especialistas que trabajan en estos procesos, creen que la renovación curricular obedece a la necesidad de reorientar el rediseño de los libros de texto gratuitos. ¿No es esto acaso al revés? ¿U otra vez se busca legitimar hechos consumados (libros ya rediseñados), a través del montaje o de una puesta en escena (renovación curricular)?

Texto constitucional y reforma curricular 2022**

Abordaré tres puntos durante mi participación en la mesa de análisis que tendremos el próximo miércoles 2 de marzo, con Catalina Inclán y Héctor Morán, en un evento académico organizado por la Universidad Pedagógica Nacional (UPN), Unidad Querétaro.

Los puntos de análisis son: a) Congruencia entre el texto constitucional y el marco curricular; b) Alcances y limitaciones del modelo curricular alternativo; y c) Contrastes entre los ejes articuladores, campos formativos y práctica docente.

Como sabemos, durante el mes de febrero se ha debatido en medios electrónicos y en diferentes foros el documento denominado: "Marco curricular y Plan de estudios 2022 de la Educación Básica Mexicana", versión preliminar (1), redactado por el personal técnico de la Dirección General de Desarrollo Curricular de la Secretaría de Educación Pública (SEP), que contiene la propuesta de reforma curricular del actual gobierno del presidente López Obrador.

En esta ocasión y debido al espacio disponible, abordaré brevemente el primer punto: congruencia entre el texto constitucional y el marco curricular.

Comienzo con decir que hay algunos aspectos de análisis sobre la propuesta curricular para la educación básica en México (2022), que se dan en un plano teórico-conceptual y metodológico; y hay otros que pertenecen al análisis de los contrastes entre la propuesta normativa y las prácticas docentes.

** Texto publicado, en SDP Noticias, el 1 de marzo, 2022. <https://www.sdpnoticias.com/opinion/texto-constitucional-y-reforma-curricular-2022/>.

Este punto en particular (sobre la congruencia entre el texto constitucional y el marco curricular) puede abordarse mediante un análisis comparativo donde destaque (tal como lo ha comentado recientemente la investigadora Catalina Inclán, de la UNAM, en una mesa de análisis), la baja correspondencia entre el texto constitucional (Artículo 3.º) y el texto denominado "Marco curricular" (SEP, 2022). Veamos.

El texto constitucional señala, por ejemplo, lo siguiente: "La educación se basará en el respeto irrestricto de la dignidad de las personas, con un enfoque de derechos humanos y de igualdad sustantiva. Tenderá a desarrollar armónicamente todas las facultades del ser humano y fomentará en él, a la vez, el amor a la Patria, el respeto a todos los derechos, las libertades, la cultura de paz y la conciencia de la solidaridad internacional, en la independencia y en la justicia; promoverá la honestidad, los valores y la mejora continua del proceso de enseñanza aprendizaje" (Fragmento del Art. 3º. DOF, 15/05/2019).

El documento denominado "Marco curricular..." (que es un texto de 157 páginas) solo menciona tres veces el concepto "mejora continua". Y, en esas tres ocasiones, el término se emplea únicamente para referirse a la Comisión Nacional que lleva ese nombre y que fue creada en 2019. Ello quiere decir que la "mejora continua" no se emplea, en el texto, como un término clave del cuerpo discursivo. ¿Por qué?

Si bien es cierto que el análisis de frecuencias de las palabras clave contenidas en un texto no es lo más importante para alcanzar su comprensión profunda, es verdad que ese tipo de análisis y sus resultados nos dan una idea acerca de cómo y con qué profundidad se ha desarrollado un concepto, una noción o un proceso.

En otro fragmento, la Carta magna mexicana establece: la Educación que imparta el Estado... "i) Será de excelencia, entendida como el mejoramiento integral constante que promueve el máximo logro de aprendizaje de los educandos, para el desarrollo de su pensamiento crítico y el fortalecimiento de los lazos entre escuela y comunidad...".

En el documento analizado ("Marco curricular... 2022") solo se menciona una vez el concepto referido a "una educación de excelencia"; y no hay ninguna mención al concepto de "logro de aprendizaje" ni al adjetivo de "máximo" ("logro de aprendizaje"), tal como lo señala el texto constitucional, reformado en 2019.

Cabe mencionar que la idea de "máximo logro de aprendizaje" (establecida en el texto constitucional desde la reforma de 2013 y conservada en la reforma vigente, desde 2019), es compatible o se asocia con una interpretación específica del "aprendizaje", en un nivel teórico y metodológico, que tiene como fundamento, entre otros elementos, al modelo de desarrollo de competencias (cuya esencia explicativa radica en la definición de conductas observables, directas o indirectas, con criterios de logro y desempeño en un contexto determinado). Modelo que ha sido de gran utilidad a los sistemas de evaluación (con instrumentos estandarizados), de estudiantes (aprendizajes escolares) y de docentes (perfiles de enseñanza, gestión educativa y medición del desempeño).

En otra parte de su contenido, la Constitución política mexicana (2019) señala: "Los planteles educativos constituyen un espacio fundamental para el proceso de enseñanza aprendizaje. El Estado garantizará que los materiales didácticos, la infraestructura educativa, su mantenimiento y las condiciones del entorno, sean idóneos y contribuyan a los fines de la educación".

El término "materiales didácticos", desde el cual se debieran vincular orgánicamente los libros de texto para la educación básica, aparece dos veces en el cuerpo del texto en cuestión (o sea, en el "Marco curricular"): una vez para referirse a la introducción de las TIC en la escuela pública y otra en la parte donde se expone la multiculturalidad. ¿Por qué?

Por otra parte, y como un comentario referido específicamente al contenido de los documentos base de las reformas curriculares, tanto en el nuevo Modelo Educativo (2017) como en la propuesta curricular de la nueva Escuela Mexicana (2022), las autonomías escolares están acotadas. Hay ahí sugerencias de autonomías simuladas o relativas. En otra colaboración profundizaré acerca de este punto.

Lo mismo sucede con las descargas administrativas: son mencionadas en los documentos base de las propuestas curriculares, pero no se cumplen en la práctica educativa ni pedagógica, a pesar de estar mencionadas en el programa sectorial de educación 2020-2024.

Otro aspecto controvertido de las propuestas curriculares (tanto de 2017 como de 2022) es el que se refiere al intento fallido (en ambos casos) por "aligerar" el currículo recargado. Ese proceso ha pasado por varios momentos: de ser un currículo enciclopédico a otro centrado en las acciones reflexivas, por ejemplo, pero que se ha quedado en un intento no concretado en las prácticas docentes.

Por último, al revisar el concepto o la noción de "aprendizajes escolares" que debiera registrarse en las propuestas curriculares de 2011, 2017 y 2022 (SEP), encuentro inconsistencias en varios niveles de análisis: con los documentos de algunos organismos internacionales; con el texto constitucional; y con los programas sectoriales. Como tal, en el cuerpo del documento (2022) solo se refiere a los "aprendizajes" o al "aprendizaje" en general, pero no se hace la precisión necesaria y vinculada con los "aprendizajes escolares".

¿Cuáles serán los efectos de un diseño curricular base con tantas y significativas inconsistencias en los ámbitos normativo y conceptual? ¿Estamos en la antesala, en México, de dejar atrás al modelo hegemónico "competencial" en materia de diseño curricular, sin sustento legal y sin suficiente fuerza argumentativa? ¿Cómo alinear los preceptos constitucionales, legales y reglamentarios, en materia educativa, con la necesidad de aterrizar una reforma curricular que, efectivamente, llegue a las aulas de la educación básica (es decir, en la educación inicial, preescolar, primaria y secundaria), con amplia participación de las comunidades educativas y los nuevos consensos?

Reforma curricular y legitimación social***

No hay proyecto de reforma al currículo escolar, desde el ejercicio del poder, sin un proceso de legitimación por parte de la sociedad

El día 24 de marzo pasado, el doctor Ángel Díaz Barriga, investigador emérito del Instituto de Investigaciones sobre la Universidad y la Educación (IISUE-UNAM), habló sobre la Nueva Escuela Mexicana, y se refirió, en particular, a los retos y riesgos del marco curricular para la educación básica, esto en el contexto del diálogo con la comunidad académica, organizado por la Secretaría de Educación Pública (SEP).

Con respecto al documento denominado: "Marco curricular..." (SEP, 2022), Díaz Barriga expresó lo siguiente: "...se trata de un documento que reclama una profunda transformación en la educación; sin duda, se trata de un documento que expresa, ya, de manera significativa el constructo que da significado a la Nueva Escuela Mexicana (NEM). Una propuesta que propone un cambio en la noción pedagógica y didáctica del trabajo docente; una perspectiva diferente de responsabilidad en las/los estudiantes; una forma muy distinta de vincular el currículo con los problemas de la realidad (social y natural), buscando

*** Texto publicado en SDP Noticias, el 29 de marzo de 2022. <https://www.sdpnoticias.com/opinion/reforma-curricular-y-legitimacion-social/>.

una integración curricular desde el entorno donde se desempeña cada uno de nuestros alumnos; una articulación muy diferente entre escuela, comunidad, sociedad. Y un cambio en los juicios que diversos actores sociales emiten sobre los resultados de la educación" (ver la versión videograbada en redes sociales digitales)

"Es importante reconocer que precisamente en el docente se conjugan, por una parte, los conocimientos disciplinares y, por otra, la indiscutible valoración de los saberes experienciales, aspectos fundamentales para el trabajo educativo en general", agregó Díaz Barriga.

"Requerimos de una amplia participación en este proceso de transformación, de las autoridades educativas para impulsar un clima de trabajo colectivo, en donde la adecuación del proyecto a contextos específicos, se pueda hacer una realidad".

"Se requieren otras formas de vincular el trabajo entre docentes; entre docentes y directivos escolares; entre colectivos docentes y autoridades educativas nacionales y locales, así como entre investigadores y especialistas con el fin de generar acciones de acompañamiento al reto que enfrenta nuestro sistema educativo, que es replantear la reconversión de sí mismo", indicó el investigador de la UNAM.

"En particular, las/los académicos tenemos que empezar a reconocer que, si bien hemos dedicado muchos años al estudio de la educación, también es momento que volteemos a escuchar lo que pasa en las aulas, lo que viven los docentes, la forma cómo los docentes pueden y necesitan interpretar este proyecto para poder ser llevado a la realidad".

Los dos grandes retos elegidos por Díaz Barriga, por obvio del tiempo, son: "1) Integración curricular a parir de problemas o elementos del entorno social (escolar, familiar, comunitario), considerado por él como el proyecto más ambicioso de transformación del sistema educativo, y 2) El tránsito complejo entre evaluación, evaluación formativa y calificación".

La maestra Delfina Gómez Álvarez, secretaria de Educación Pública, inauguró ese mismo día los diálogos con la comunidad académica, de investigación y especialistas en educación. Durante el acto, realizado en el edificio sede de la dependencia, afirmó que la SEP debe recuperar el liderazgo intelectual, académico y de transformación social, con el que se fundó hace 100 años, y solo es posible con la participación de maestros, académicos, pueblos indígenas y sociedad en su conjunto (ver Boletín de prensa n.° 68, de la SEP)

"No podemos consentir que esta grandiosa institución, que tanto bienestar ha brindado a este país, se reduzca a una simple administradora de servicios educativos. Por eso estamos recuperando el espíritu transformador y social del programa educativo", subrayó Gómez Álvarez.

La titular de la SEP enfatizó que el entorno escolar no puede tolerar desigualdades de ningún tipo ni comportamientos racistas, sexistas, clasistas y ninguna expresión de violencia. Por el contrario, debe favorecer que en todos los espacios las y los estudiantes puedan convivir con sus diferentes capacidades y ritmos de aprendizaje y respeto a los derechos humanos. (Mismo boletín)

"Consideró que las opiniones, propuestas y críticas, tanto de académicos como de especialistas, favorecen la construcción del nuevo currículo, e insistió en que la unidad se constituye desde la diversidad cultural, étnica, lingüística, de pensamiento, de sexualidad y de género... Este proceso de análisis y de reflexión indudablemente servirá para ofrecer una mejor educación para nuestras niñas, nuestros niños, jóvenes y adolescentes", concluyó.

"El subsecretario de Educación Superior, Luciano Concheiro Bórquez, destacó que estamos ante una coyuntura fundante o fundacional, de cambio en la diversidad; pero el cambio específico que aquí se plantea gira alrededor de una vuelta a la Pedagogía".

Concheiro Bórquez puntualizó que "esto no resulta obvio, cuando se abandonó, precisamente, el elemento de 'cemento' de toda la propuesta alrededor de la Pedagogía; esto es, el debate directo de cómo se define el proceso enseñanza-aprendizaje en la conexión con los sujetos".

Hasta aquí las citas textuales. En relación con lo dicho en ese encuentro, celebrado la semana pasada, me parece que con el diálogo entre autoridades educativas federales y algún@s académic@s e investigador@s especializad@s en educación, se confirma el principio de que no hay proyecto de reforma al currículo escolar sin un proceso de legitimación social, que se expresa de diferentes formas. La legitimación del proyecto educativo innovador, desde el poder político basado en el aparato o sistema legislativo; la del sector académico, desde el poder que genera el saber científico y la racionalidad técnica, así como la legitimación generada por diferentes actores sociales desde las demandas y los intereses de sectores o grupos (cúpula empresarial, organismos internacionales, jerarquías eclesiásticas, dirigencias sindicales, medios de comunicación y poderes fácticos, entre otros).

Pero la base o cimiento más importante de legitimación social, en contextos de reforma o cambio curricular, lo dan las comunidades educativas, es decir, las figuras educativas que habitan las escuelas. Eso es algo que no debe perderse de vista.

Dicho proceso de legitimación puede ser o darse en armonía o en equilibrio, pero también puede caracterizarse por las tensiones, resistencias, desequilibrios y contradicciones. En ello juega un papel fundamental el diálogo, la negociación abierta o velada, así como la búsqueda de nuevos consensos. La SEP del periodo de Delfina Gómez parece tener actitud y disposición para transitar por ese escenario.

Finalmente, diría que queda claro, en el caso del proyecto de cambio curricular puesto en movimiento (2022) que este (es decir, sobre qué se enseña y qué se aprende; cómo se enseña y cómo se aprende; cómo se organiza el proceso educativo, y cuáles son sus fundamentos) podría ser impuesto por las autoridades educativas, porque existe la condición legal y del poder público, democráticamente electo, para hacerlo; sin embargo, eso no es suficiente para llevar a buen puerto dicho proyecto. Es necesaria, por lo tanto, la legitimación social y eso es justamente lo que se procesa en estos días, semanas y meses.

Capítulo 5

ESTRUCTURA, EJES Y CONTENIDOS DE LA PROPUESTA CURRICULAR SEP 2022

SEP: ¿Agonía del "modelo competencial" en educación?*

El documento "Marco curricular y Plan de estudios 2022 de la Educación Básica Mexicana", redactado por el personal técnico de la Dirección General de Desarrollo Curricular de la SEP (que depende de la Subsecretaría de Educación Básica), contiene la propuesta de reorientación curricular del actual gobierno 2018-2024.

En esta oportunidad analizaré algunos aspectos en relación con su contenido en el plano de lo pedagógico-curricular. Para ello, hay que señalar que el núcleo duro del diseño curricular dominante (durante los últimos 40 años) está representado por el llamado enfoque de desarrollo de competencias o "Modelo competencial".

También hay que decir que hay una discusión interesante, generalmente académica, sobre la historia de la teoría de las "competencias" en educación.

Para algunos, el concepto "competencias" en educación proviene del concepto de "competencia lingüística" de Noam Chomsky. Para otros, como Emilio Ribes, uno de los pioneros de la enseñanza de la Psicología y de la teoría conductista en México, el término "competencia" en educación fue postulado por White, y se define como una conducta observable, mensurable, con criterios de desempeño y logro.

Para Chomsky, la competencia lingüística es la capacidad que tiene todo ser humano de manera innata de poder hablar y crear mensajes que nunca antes había oído. Esta competencia se centra en las operaciones gramaticales que tiene interiorizadas el individuo y se activan según se desarrolle su capacidad coloquial.

---

* Texto publicado en SPD Noticias, el 11 de febrero de 2022. <https://www.sdpnoticias.com/opinion/sep-agonia-del-modelo-competencial-en-educacion/>.

Como sucede con los conceptos en todas las ciencias, el término "competencias" en educación ha evolucionado, pero la esencia de su significado ha mantenido la idea de identificar al aprendizaje o los aprendizajes escolares en forma de conductas observables, mensurables, con criterio de desempeño y logro. Por ello, este concepto se aplicó, primero, en la educación superior, a través de la noción de "competencias profesionales".

En México, el orden en que se ha aplicado de manera hegemónica el concepto de "competencias" en los diseños curriculares es: educación superior y media superior (décadas 80-90); educación preescolar (2004); educación secundaria (RIES, 2006); educación primaria (RIEB, 2009). Como se puede apreciar, el enfoque o "modelo" competencial no es nuevo. Desde entonces ha dominado el ámbito del diseño curricular.

El "modelo competencial" en educación no desaparecerá con la publicación de un documento ni con un decreto emitido por las autoridades educativas, porque este se ha convertido en un modo de ser y de actuar de las y los diseñadores curriculares; y ha sido aceptado por autoridades, directivos, asesores técnicos, mandos medios y docentes, de modo acrítico. En todos los niveles educativos; dicho esto en términos generales.

Ante la pregunta: ¿estamos frente al momento de agonía del "modelo competencial" en educación? Mi respuesta es que no. Por el momento no, porque aún no se han desarrollado esquemas o modelos curriculares alternativos, y porque no se ha dado el cambio o ruptura epistemológica y de conocimientos en este campo. Sin embargo, una aproximación que he sugerido en otros textos, quizá como el comienzo de nociones alternativas al oscuro túnel de las "competencias", es la que proviene de la idea de autonomía en el aprendizaje y el pensamiento estratégicos, de acuerdo con Carles Monereo en "Ser estratégico y autónomo aprendiendo".

A qué grado ha llegado a convertirse en un enfoque o modelo dominante (el "competencial"), hegemónico, que hay algunas instituciones de educación superior, sobre todo privadas, que han creado programas de estudios de posgrado a efecto de formar a especialistas para apropiarse, manejar y aplicar dicho modelo.

El llamado "modelo competencial" o de desarrollo de competencias en la educación básica en México se aplicó y está documentado tanto en la propuesta curricular de 2011 (SEP, Acuerdo 592) como en la de 2016-2017 (SEP, NME). Lo único que cambió fue el lugar que ocuparían las competencias y la argumentación sobre cómo evaluarlas (estándares curriculares).

En el "Marco curricular 2022 (SEP)" se hace explícita la negación del "modelo competencial", pero los argumentos son vagos; no son precisos ni están profundamente argumentados. Para quienes redactaron el documento preliminar, la crítica al término de "competencias" tiene su raíz en un elemento "extranjerizante" o "ideológico", pero no pedagógico ni desde las teorías curriculares.

Veamos: "Por ello es fundamental que las niñas, niños y adolescentes de la educación básica puedan construir saberes y conocimientos sobre la realidad en la que viven, a partir de exigencias conceptuales, metodológicas y axiológicas que tengan pertinencia con el momento histórico, el territorio y la comunidad en la que viven, y marcar un equilibrio con el currículo nacional cuya prescripción, históricamente, ha organizado el conocimiento en objetivos, competencias o aprendizajes clave dentro de marcos que no son los propios de la realidad que se quiere conocer" (Marco Curricular, SEP, 2022, p. 66).

El problema que observo y que se ve venir en cuestión de propuestas pedagógicas y diseño curricular para la educación básica y de la formación de docentes, es: ¿cuál es la propuesta curricular alternativa, con fundamentos justamente desde lo educativo y lo pedagógico?

Por lo tanto, en este campo de conocimientos y aplicaciones, en teorías y prácticas educativas, todavía hay mucho por pensar, reflexionar, debatir y hacer.

Sociedad, democracia y currículo**

El currículo como ruta de navegación de los sistemas educativos

Tras el debate y observaciones críticas que se generaron durante las semanas pasadas en torno al "rediseño" de los libros de texto oficiales (para la Educación Primaria), que es una iniciativa del gobierno federal, a través de la SEP, me parece relevante abordar el tema de la relación entre sociedad, democracia y currículo escolar.

"Currículo viene de la palabra latina *currere*, que significa carrera, un recorrido que debe ser realizado. De manera esquemática podría decirse

** Texto publicado en SDP Noticias el 26 de abril, 2021. <https://www.sdpnoticias.com/columnas/juan-carlos-miranda-arroyo-sociedad-democracia-y-curriculo.html>.

que la escolaridad es un camino, un recorrido para los estudiantes, y el currículo sus pasos, su contenido" (Gimeno, 1993).

El currículo "aparece como problema a resolver por necesidades organizativas, de gestión y de control del sistema educativo, al requerirse un orden y una secuencia en la escolaridad" (p. 145). "De allí que el currículo aborde centralmente la cuestión de la materialización y dosificación de la enseñanza en el aula, de acuerdo a las edades, niveles, contextos y necesidades educativas presentes"[1].

El currículo como ruta de navegación de los sistemas educativos (y de su unidad básica, que es la escuela) tiene diferentes dimensiones y matices, pues no solo guarda relación con la selección y definición de los contenidos escolares, sino que en él se establecen los perfiles profesionales de docentes y directivos escolares, los métodos y formas de enseñanza; los enfoques y modelos de aprendizaje; los recursos, medios y apoyos didácticos correspondientes y alineados al modelo pedagógico (aquí entran, entre otros apoyos, los libros de texto); así como las estrategias y modalidades para la evaluación de los aprendizajes y, entre otros aspectos, en el currículo se establece a qué tipo de estudiantes va dirigido, es decir, se define la ubicación que tiene el sujeto-estudiante en la sociedad y para qué tipo de sociedad se forma al sujeto, y el rol que juega la escuela en los procesos formativos en un contexto social, político, cultural, económico específico. Ello implica, sin duda, confrontar la noción de un currículo global.

El Artículo 23 de la Ley General de Educación (LGE) establece que "la Secretaría determinará los planes y programas de estudio, aplicables y obligatorios en toda la República Mexicana, de la educación preescolar, la primaria, la secundaria, la educación normal y demás aplicables para la formación de maestras y maestros de educación básica, de conformidad a los fines y criterios establecidos en los artículos 15 y 16 de esta Ley".

"Para tales efectos, la Secretaría considerará la opinión de los gobiernos de los Estados, de la Ciudad de México y de diversos actores sociales involucrados en la educación, así como el contenido de los proyectos y programas educativos que contemplen las realidades y contextos, regionales y locales. De igual forma, tomará en cuenta aquello que, en su caso, formule la Comisión Nacional para la Mejora Continua de la Educación.

[1] Diego Hernán Arias Gómez, *Currículo, ciudadanía, democracia. Aportes teóricos y prácticos*, Servicio Editorial Cooperativa Editorial Magisterio, Colombia, 2011: "...el problema didáctico de alguna manera está precedido por el problema pedagógico [...] se entiende por Pedagogía la reflexión sobre el propósito, el sentido, las prácticas, los medios, las formas y los usos inherentes a los procesos educativos, procesos que abarcan el sistema escolar, pero que lo superan teniendo en cuenta que la sociedad entera educa".

"Las autoridades educativas de los gobiernos de las entidades federativas y municipios podrán solicitar a la Secretaría actualizaciones y modificaciones de los planes y programas de estudio, para atender el carácter regional, local, contextual y situacional del proceso de enseñanza aprendizaje".

"En la elaboración de los planes y programas de estudio a los que se refiere este artículo, se podrán fomentar acciones para que emitan su opinión las maestras y los maestros, así como las niñas, niños, adolescentes y jóvenes. De igual forma, serán consideradas las propuestas que se formulen de acuerdo con el contexto de la prestación del servicio educativo y respondan a los enfoques humanista, social, crítico, comunitario e integral de la educación, entre otros, para la recuperación de los saberes locales"[2].

¿Por qué los Congresos de los Estados y las Secretarías de Educación estatales, según la LGE, no juegan un papel protagónico en la determinación y diseño de los planes y programas de estudio de la educación básica, así como de los demás elementos del currículo escolar?

Es importante precisar que la toma de decisiones sobre qué enseñar (aprender) y cómo enseñar (aprender), no se realiza en condiciones de una supuesta "neutralidad ideológica" ni se trata de asuntos ajenos a las relaciones de poder público. Todo lo contrario: estas decisiones y definiciones especializadas son cuestiones centrales en los procesos de creación del proyecto educativo de una nación, de una región o de una comunidad, es decir, de la sociedad. Y ese tipo de planificaciones educativas, mediadas, insisto, por intereses políticos, culturales e ideológicos, tienen sus expresiones tangibles e intangibles en las definiciones curriculares y didácticas.

Sin duda, estos son procesos clave donde participan diferentes instituciones y actores sociales con intereses, necesidades y reivindicaciones diversas. De ahí que este tipo de encuentros y desencuentros, durante la elaboración de las planificaciones educativas y curriculares, se conviertan en campos complejos de disputa, conflicto y tensión permanentes. No podía ser de otra manera, sobre todo en contextos sociales democráticos.

Por ello, hay que insistir en lo siguiente: para revisar y rediseñar los libros de texto oficiales es necesario, primero, revisar y rediseñar el planteamiento curricular, los principios pedagógicos y los lineamientos didácticos generales. No al revés. Si esta premisa es válida, desde el punto de vista de las reflexiones generadas por la investigación educativa actual, entonces la SEP transita por el camino equivocado.

[2] Ley General de Educación, México, modificada en 2019.

Hasta donde se tiene registro, el plan y los programas de estudio de la Educación Primaria y el planteamiento curricular en general, en México no han sido modificados desde 2017. Sabemos que las planificaciones didácticas que realizan las y los docentes de algunos grados de Primaria, están basadas, con criterios técnico-pedagógicos, en el Acuerdo 592 de la SEP (publicado en 2011); mientras que en otros grados lo hacen a partir de lo establecido en el plan y los programas de Primaria publicados en 2017 (a partir del llamado "Nuevo Modelo Educativo", promovido por el gobierno 2012-2018 de Enrique Peña Nieto).

¿Entonces no hay congruencia lógica ni unicidad en la planificación educativa nacional ni en las exigencias pedagógicas y criterios curriculares? ¿Hay confusión en las sugerencias y recomendaciones que establecen las autoridades educativas, en términos didáctico-curriculares, para docentes y directivos de la escuela pública básica (Preescolar, Primaria y Secundaria)?

Todo parece indicar que esta confusión e incongruencias originadas desde el ejercicio de la planificación educativa nacional (SEP) no solo se ubican en el ámbito de la escuela, sino que también escalan hacia los niveles de decisión de las autoridades educativas del más alto nivel, es decir, hacia las y los funcionarios públicos que se ubican en la cima de la burocracia educativa nacional y de las entidades federativas.

Pienso que la dependencia del gobierno federal responsable de la educación en México (o sea, la SEP) parte, además, de un planteamiento equivocado en lo que corresponde a los participantes del diseño fino de estos procesos. Tal como lo escribí recientemente[3], considero que los libros de texto oficiales no se diseñan o rediseñan, al menos esa ha sido la experiencia institucional, por medio de una asamblea popular, sino que se logra con la participación de grupos interdisciplinarios de especialistas, dentro de los cuales se encuentran las y los docentes, así como las y los directivos escolares, entre otros actores de especial relevancia.

El problema del centralismo y la participación social

Aparte de las dificultades antes descritas, un problema que enfrentan tanto la planificación educativa como curricular en México es el del llamado "centralismo". Ello implica que, como obstáculo, exista escasa

[3] Ver mi columna "Libros de Texto: Incongruencias en su rediseño", SDP Noticias.com, 14 de abril de 2021.

participación de la sociedad, de manera organizada y representativa, en la definición de estos asuntos. Y con ello no quiero decir que se lleven a cabo "asambleas populares" para discutir y definir los criterios educativos y curriculares correspondientes, sino más bien que la sociedad tenga acceso a canales organizados de participación no solo a través del Poder Ejecutivo federal o las Cámaras Federales (diputados y senadores), sino que se abran espacios de participación social, a través de los órganos de representación de la sociedad en los congresos estatales u organismos equivalentes, porque son las instancias de representación más cercanas a las comunidades.

Un diseño institucional que se abra a las condiciones de participación estatal y local en temas educativos y curriculares, sentaría las bases de un proceso de democratización y de deliberación más amplia ante estos procesos. Además, permitiría una mayor flexibilidad y acercamiento entre la planificación educativa y las necesidades específicas de la sociedad en cada entidad federativa.

¿No sería acaso conveniente que la agenda educativa estuviera también en manos de las legislaturas estatales, así como de las comunidades de docentes, directivos escolares y especialistas en educación, que se ubican en las diferentes localidades del país?

Escuela, currículo y sociedad[***]

Durante dos semanas y media del mes de febrero de 2022 se ha debatido en medios electrónicos y en diferentes foros el documento denominado "Marco curricular y Plan de estudios 2022 de la Educación Básica Mexicana", versión preliminar[4], redactado por el personal técnico de la Dirección General de Desarrollo Curricular de la Secretaría de Educación Pública (SEP), que contiene la propuesta de reorientación curricular del actual gobierno del presidente López Obrador.

Por lo que se ha visto durante el inicio de los trabajos, el diseño y operación de la convocatoria lanzada por las autoridades, para revisar públicamente el documento mencionado, han sido, sin embargo, acotados.

Ello significa que solo han podido participar los invitados de las autoridades educativas federales y estatales, esto es, directivos escolares o

[***] Texto publicado en SDP Noticias el 22 de febrero, 2022. <https://www.sdpnoticias.com/opinion/escuela-curriculo-y-sociedad/>.

[4] SEP, "Marco curricular y Plan de estudios 2022 de la Educación Básica Mexicana", Subsecretaría de Educación Básica. Dirección General de Desarrollo Curricular, México, 2022.

mandos medios de los sistemas educativos locales, pero escasamente lo ha hecho el personal docente de base o frente a los grupos escolares; y las participaciones han estado controladas y reducidas a un guion preestablecido.

Pregunto: ¿por qué no se aprovecha esta oportunidad para que las diferentes voces escolares involucradas (docentes, directivos escolares, asesores técnico-pedagógicos, etc.) se expresen en torno a esta posibilidad de cambio educativo o de reconstrucción curricular?

Propongo que cada escuela, de educación básica (inicial, preescolar, primaria y secundaria), es decir, su comunidad académica, se pronuncie sobre el contenido de los documentos de la reforma curricular dados a conocer, aun cuando esto ha sido en forma preliminar (SEP, 2022). Conviene que las figuras educativas participen, pero que también lo hagan las y los estudiantes, así como sus familias.

Los posibles puntos de la agenda de análisis o debates serían:

a) Marco curricular;
b) revisión específica de contenidos-métodos educativos por ejes, campos formativos, niveles y subniveles escolares, etc.;
c) contrastación entre la propuesta curricular y la realidad educativa, entre otros.

Por otra parte, pienso –como argumento– que las asambleas organizadas por la Secretaría de Educación Pública (SEP) son insuficientes para procesar los consensos y la legitimidad que requiere esta precipitada y tardía reforma curricular 2022.

¿Por qué no involucrar a los Consejos Técnicos Escolares (CTE) y a los cuerpos colegiados de las instituciones formadoras de docentes en este proceso de revisión y generación de propuestas educativas? ¿Por qué no armar un plan de acción que se extienda a lo largo de todo este año calendario (2022) para dar espacio y tiempo a que todas las voces se expresen, en forma y contenido? ¿Cuál es la prisa? ¿A qué le temen; a que las asambleas se salgan de control?

En medio de toda esta cascada de información, ideas y deliberaciones públicas en tono a la reconstrucción curricular, me parece que hay indicios de un interesante aprendizaje social: las reformas curriculares son más consistentes cuando se planean a mediano y largo plazos, y cuando generan amplios consensos entre autoridades, diseñadores (especialistas) y los actores educativos principales: docentes y estudiantes.

Los antecedentes

¿Qué hay en juego tras bambalinas en esta coyuntura de reconstrucción curricular en México? Pueden darse cambios de fondo en esta oportunidad; pero también todo puede quedar como estaba, o peor. El fantasma de la simulación recorre la celebración de asambleas. Que suceda, o no, esto dependerá de la habilidad que muestren las/los organizadores y conductores de estos procesos de deliberación pública; me refiero claramente a las autoridades educativas, en este momento encabezadas por la maestra Delfina Gómez Álvarez.

Como lo expuse en un texto publicado en 2013, la noción de "competencias en educación" constituye un concepto hegemónico y central de las iniciativas reformistas, que ha surgido de los modelos económicos "neoliberales" y de la agenda educativa confeccionada por sectores o grupos dirigentes u organismos de los llamados "países ricos" (OCDE), y cuyas aplicaciones se concretaron, primero, en los sectores productivos de bienes y servicios de las naciones miembros, y luego, en la escuela pública.

Pero esas iniciativas, que se cocinan desde las alturas, desde las élites, no se introducen ni caminan solas, sino que se requieren de un ambiente político, económico, social y cultural (en el espacio nacional-local) propicio para que se implanten los modelos "innovadores" de rediseño curricular.

Esta reflexión parte de la siguiente pregunta: ¿está herido de muerte el llamado "modelo competencial" en el ámbito del rediseño curricular? Me parece que es aún muy temprano para llegar a conclusiones definitivas sobre este punto.

Sabemos, sin embargo, que el modelo "competencial" o de desarrollo de competencias en el ámbito del diseño y rediseño curricular, que tiene más de 40 años de existencia en las agendas reformistas de la educación, ha apostado por la acción, la práctica y la resolución de problemas ("La/el estudiante sabe o no sabe hacerlo", diría el discurso académico estandarizado). Y que, en ese modelo, como se sabe, escasea la teoría, la reflexión crítica y la formulación de preguntas incómodas, dicho esto esquemáticamente.

También sabemos que en la educación básica el modelo "competencial", específicamente, ha mostrado sus principales limitaciones y carencias aplicativas.

Ante este panorama, como lo escribí hace dos semanas, reitero mi preocupación: ¿en realidad interesa la discusión académica (educativa y pedagógica) de fondo sobre los modelos curriculares y la selección de contenidos-enfoques-métodos educativos? ¿U otra vez se busca solamente legitimar hechos consumados (libros ya rediseñados), a través de una simple puesta en escena (renovación curricular)?

Estamos frente a la oportunidad de una reconstrucción curricular para la educación básica, de raíz. Ojalá que no se pierda esta oportunidad.

Preguntas en torno a la propuesta curricular 2022****

Aunque es interesante la crítica que se expone en la primera parte del documento "Marco curricular y Plan de estudios de la Educación Básica Mexicana" (SEP, 2022), sobre los diseños curriculares, las prácticas docentes inducidas y programadas; y en relación con las tendencias u orientaciones educativas hegemónicas o dominantes del pasado, como políticas públicas del periodo neoliberal, aún quedan muchas preguntas por despejar.

Como contexto, cabe señalar que la revisión del "Marco curricular... 2022" (SEP) implica un análisis complejo, histórico y teórico, y en diferentes planos: educativo, pedagógico, didáctico; sobre las perspectivas sociales e ideológicas implicadas; en torno a los rasgos antropológicos, culturales e interculturales; sobre los modelos curriculares, de evaluación, de organización, laborales, de vínculos con la comunidad, de gestión educativa; y acerca de los marcos legales, normativos o reglamentarios, de políticas públicas, entre otros aspectos.

Como se puede ver, la tarea de comentar un documento con tales características y en un espacio corto, no es fácil. Por lo anterior, las interpretaciones que se puedan desprender del escrito base (Marco curricular... documento de trabajo, 157 páginas), serán variadas y diversas, por no decir controvertidas o polémicas, en medio de la complejidad. Tampoco será sencillo generar consensos alrededor de la propuesta curricular, en estas condiciones. Hay muchos sectores con intereses diversos u opuestos, que han buscado, pretenden y buscarán marcar el rumbo de la educación básica en México.

Pero la deliberación pública habrá de ser una fortaleza y no una debilidad de las sociedades democráticas. En ese contexto, un campo de batalla, sin duda, es el debate informado sobre los contenidos educativos y

**** Texto publicado en SDP Noticias, el 9 de febrero de 2022. <https://www.sdpnoticias.com/opinion/sep-preguntas-en-torno-a-la-propuesta-curricular-2022/>.

los criterios para seleccionar a estos en la educación básica. Aquí el factor de comunicación social será clave.

Por ello, es de suma relevancia que las autoridades educativas de la subsecretaría de educación básica (SEP), se den a la tarea de responder puntualmente a estas y otras interrogantes o cuestionamientos que se han expresado en diferentes medios, durante los últimos días.

No obstante, el documento ofrece la posibilidad de reflexionar en distintos ángulos y con diferentes niveles de profundidad sobre los contenidos educativos dirigidos a este segmento principal de la educación pública, en tanto que esta es, la educación básica, la que llega a la mayor parte de la población escolar (más de 30 millones de estudiantes de inicial, preescolar, primaria y secundaria en todas sus formas y modalidades).

Como era de esperarse, durante el proceso de revisión de cada uno de los elementos conceptuales, metodológicos e históricos del documento en cuestión, han surgido algunas interrogantes, que han sido abordadas por diferentes colegas, especialistas y estudiosos en el campo de la educación.

En esta oportunidad, sugiero algunas preguntas adicionales o complementarias en torno a lo que ya se ha escrito:

¿Desde dónde, es decir, con qué razonamientos filosóficos (epistemológicos) y pedagógicos se hace la crítica a las tendencias y los modelos educativos que estuvieron vinculados, directa o indirectamente, con las pasadas políticas públicas (más allá de las reformas educativas) puestas en práctica en México (en el texto de referencia se habla de un periodo aproximado de 50 años)?

En el documento que ahora comento, se propone lo siguiente: "El planteamiento curricular de la educación básica se estructura a partir de un conjunto de siete ejes articuladores, que refieren a temáticas de relevancia social que pueden abordarse en más de un campo formativo y con los contenidos específicos de cada grado, nivel y modalidad educativa".

Los ejes articuladores son: inclusión, pensamiento crítico, interculturalidad crítica, igualdad de género, fomento a la lectura y la escritura, educación estética y vida saludable.

"La definición de los ejes articuladores tiene como perspectiva una educación que coloca en el centro de los procesos educativos a la comunidad-territorio, cuyo principio pedagógico se basa en la elaboración de proyectos dirigidos a la justicia social y la solidaridad con el entorno, y ya no una educación individualista basada en competencias para formar capital humano. Estos ejes cruzan el mapa curricular de la educación inicial, preescolar, básica, primaria y secundaria".

¿Cómo resolver la contradicción existente entre este enfoque curricular centrado en la comunidad-territorio (Marco curricular, SEP, 2022) y el modelo de evaluación individual de carrera de las figuras educativas, establecido en la ley, que no contempla las evaluaciones colegiadas o colectivas?

Relacionado con lo anterior: la nueva propuesta curricular ¿sugiere que se incorpore el modelo de evaluación colegiada o colectiva, para guardar los equilibrios necesarios, ante la evaluación individual ya existente? ¿El planteamiento es del tipo "todo o nada" o hay apertura para crear una etapa de transición (coexistencia) de esos dos modelos de evaluación de las figuras docentes?

Si como dice el documento: "El plan de estudio de educación básica reconoce la libertad académica de las maestras y los maestros para resignificar y replantear los contenidos de los programas de estudios y de los materiales educativos de acuerdo con las necesidades formativas de los estudiantes, considerando las condiciones escolares, culturales, territoriales, sociales, educativas, ambientales, de género, capacidad y sexualidad en las que se ejerce la docencia".

¿Cómo se diseñarán o con qué criterios se generarán los elementos y medios de evaluación de las figuras educativas (docentes, directivos escolares y asesores técnicos) que contempla la Ley del sistema para la carrera de las maestras y los maestros? ¿Serán, de ahora en adelante, criterios locales, no nacionales?

¿Cómo armonizar lo anterior con la idea de respetar y fortalecer la autonomía académica, curricular y de gestión de las escuelas normales para decidir sobre sus planes y programas de estudio (en ello habrá que agregar a la Universidad Pedagógica Nacional y a los Centros de Actualización del Magisterio como instituciones formadores de docentes y profesionales de la educación)?

Como se puede apreciar, hay todavía muchas preguntas por despejar. Sobre todo, este tipo de dudas surgen cuando se pretende producir un cambio de fondo en la concepción, los contenidos, los métodos y los criterios del plan y los programas de estudios de la educación básica.

Nada menos, en ese escenario de cambios se ven involucrados los planes y programas, así como los procesos de formación de docentes y profesionales de la educación en las instituciones de educación superior encargadas de ello.

Y por si fuera poco, eso también tiene que ver con los sistemas y procedimientos para evaluar a las figuras educativas en servicio, tanto para el esquema vertical como horizontal, y para la admisión al servicio.

Una última cuestión que quiero resaltar en este breve comentario es la dicotomía que se expresa a lo largo del documento base o marco curricular 2022: me refiero a cómo se concibe la relación entre el sujeto individualizado y el sujeto comunitario, en la lógica de las intenciones y los fines de la educación (conflicto entre el "ser" y el "deber ser"); lógica que está implícita en el orden y contenido del discurso de la propuesta curricular.

"El horizonte que la escuela ofrece a la población estudiantil implica la transformación de un espacio donde se construye desde lo individual hacia lo colectivo, donde se genere comunidad, de tal manera que se dé sentido, significado y uso a los saberes" (pp. 90-91).

¿Cuáles son los alcances y las dinámicas que toman los procesos educativos implícitos, que van de lo individual hacia lo colectivo y viceversa, según la propuesta? ¿Hay aquí una disposición –por parte de la SEP– a establecer criterios abiertos y a reconocer que en esos procesos educativos hay una vinculación recíproca o solo "lo colectivo" o "comunitario" está construido desde una lógica fundamentalista?

Capítulo 6

ALCANCES Y LIMITACIONES DE LA PROPUESTA CURRICULAR SEP 2022

SEP: Limitaciones del modelo de competencias educativas*

La propuesta pedagógica y del nuevo currículo escolar para la educación básica (Marco curricular, SEP, 2022), del gobierno del presidente López Obrador, señala algunos inconvenientes sobre el planteamiento del diseño curricular anterior (que ha dominado este campo desde hace 40 años), el cual tiene como uno de sus núcleos duros al modelo de "desarrollo de competencias".

Pero los puntos criticables que los especialistas de la SEP proponen acerca de ese modelo son superficiales, vagos y con carencias en algunas de sus líneas de argumentación. En esta oportunidad revisaré algunos argumentos pedagógicos, psicológicos, filosóficos y educativos acerca de las limitaciones o alcances del llamado "modelo competencial".

Más allá de los señalamientos de carácter "ideológico" (plano que no hay que negar y que habrá de discutirse en forma permanente), encuentro las siguientes limitaciones del modelo de desarrollo de competencias en educación o "competencial".

1. A pesar de su cualidad integradora, en términos de aprendizajes (comparado con el modelo de Bloom), el "modelo competencial" carece de una visión holística del sujeto educativo y del sujeto epistemológico.
2. El modelo competencial tiene cargados los dados hacia el pragmatismo, es decir, tiene una preferencia exagerada hacia el "saber hacer", que es primordial para este modelo.
3. Por su origen histórico, y debido a necesidades educativas y del mercado de trabajo, porque ahí se aplicó primero, el "modelo competen-

* Texto publicado en SDP Noticias el 16 de febrero, 2022. <https://www.sdpnoticias.com/opinion/sep-limitaciones-del-modelo-de-competencias-educativas/>.

cial" es más adaptable a la educación media superior y superior, sobre todo en perfiles profesionales, técnicos; operativos e instrumentales.

4. Por su carácter centrado en el desempeño y el logro (conductas observables), las evaluaciones de los procesos formativos se reducen a fragmentos de aprendizaje. Aquí hay dos limitaciones centrales: de corte educativo, pedagógico y didáctico. Este punto sí es señalado en la propuesta curricular 2022. Veamos: "Esta condición fraccionada del conocimiento en la educación básica se profundiza en la medida en la que los programas de estudios se diseñan a partir de aprendizaje, competencias o aprendizajes clave. Donde prescriben los contenidos para que las estudiantes y los estudiantes de cada grado y nivel, alcancen los objetivos de cada asignatura y, en lo sucesivo, logren el perfil de egreso de la educación básica" (p. 43).
5. Desde la perspectiva filosófica (epistemológica), el "modelo competencial" se alimenta de fundamentos empíricos y positivistas clásicos (no necesariamente del positivismo lógico).
6. La aplicabilidad del modelo competencial en la educación básica es baja, sobre todo porque las condiciones de evaluación de desempeño y logro, en términos de aprendizajes, no tienen un carácter terminal ni cuenta con criterios claros en términos de un perfil de egreso. Esto es más factible en la educación media superior y superior, sobre todo cuando hay carreras terminales con una definición precisa de las "competencias técnicas y profesionales".
7. Hace falta recuperar otros planteamientos educativos y pedagógicos que partan de criterios diferentes en el orden de organización de las necesidades sociales; de las demandas de la enseñanza y de los aprendizajes; y en la perspectiva de asegurar el derecho pleno a la educación. Sugiero retomar las propuestas de Edgar Morin en este aspecto, entre otros.

Si se plantea una crítica únicamente en el plano ideológico, las posibilidades de generar una alternativa curricular sólida, para la educación básica, quedarán igualmente limitadas. Veamos los argumentos que esgrime la SEP al respecto[1]:

> Después de 50 años de un modelo curricular eficientista, sujeto a las demandas del modelo de desarrollo de la época, industrial, postindustrial y los modelos de sociedades que produce la sociedad de la información o sociedad 4.0, la retórica es la misma: formar sujetos para que cumplan con los objetivos de

[1] SEP, "Marco curricular y Plan de estudios 2022 de la Educación Básica Mexicana", Subsecretaría de Educación Básica. Dirección General de Desarrollo Curricular, México, 2022.

> aprendizaje, las competencias para la vida o los aprendizajes clave con el fin de que respondan a la demanda de capital humano para el sistema productivo de dicha sociedad, trayendo consigo un conjunto de contradicciones y desigualdades que hacen inviable mantener el modelo curricular que se ha implementado en las últimas cinco décadas. (SEP: Marco curricular y plan de estudios, 2022: 51)

Una retórica educativa y pedagógica, a base de generalidades, sustituye a otra. Veamos esto:

> La definición de los ejes articuladores tiene como perspectiva una educación que coloca en el centro de los procesos educativos a la comunidad-territorio, cuyo principio pedagógico se basa en la elaboración de proyectos dirigidos a la justicia social y la solidaridad con el entorno, y ya no una educación individualista basada en competencias para formar capital humano. Estos ejes cruzan el mapa curricular de la educación inicial, preescolar, básica, primaria y secundaria. (SEP: Marco curricular y plan de estudios, 2022: 92)

Pienso que lo más fácil es descalificar al "modelo competencial" con consignas ideológicas o con análisis macro de la realidad social. Modelo que, por cierto, ha sido utilizado como núcleo principal del diseño curricular en muchas naciones (ver el caso de la Unión Europea), para aplicarlo específicamente a la educación básica. Pero no hay en la crítica de la SEP argumentos en un plano más específico.

La SEP alza su propuesta mediante argumentos generales, poco precisos y a través de frases aparentemente críticas, pero que están vacías de argumentos desde los diferentes campos de conocimientos especializados en educación.

Por lo anterior, sugiero que los planteamientos del marco curricular por parte de las autoridades educativas y sus equipos técnicos sean más consistentes y alcancen un mayor rigor académico en sus argumentaciones, pero sobre todo que consideren la experiencia y el conocimiento de las maestras y los maestros que trabajan en las escuelas y las aulas, en este esfuerzo de reconstrucción curricular.

SEP: Alcances del nuevo plan de estudio 2022**

El plan de estudio de la Educación Básica 2022 (SEP), sin programas específicos aún, que fue presentado el pasado 16 de agosto, tiene la siguiente estructura de contenidos (los llamados cuatro elementos):

** Texto publicado el 9 de septiembre de 2022. <https://www.sdpnoticias.com/opinion/sep-alcances-del-nuevo-plan-de-estudio-2022/>.

I. *Integración curricular:* Expresada en los campos formativos-ejes articuladores, los cuales establecen los contenidos fundamentales de estudio; los propósitos de formación general (expresados en el "perfil de egreso"); y los contenidos educativos específicos que se desarrollarán en los programas de estudio.

Los diseñadores de la SEP señalan además lo siguiente: "La integración curricular articula el trabajo interdisciplinario, la problematización de la realidad y la elaboración de proyectos. Con ello se atiende la demanda histórica de promover una formación integral, así como situar los procesos formativos en los contextos en los que aprenden las y los estudiantes, y enseñan las profesoras y profesores…".

"Una de las críticas que históricamente se ha hecho al proceso de formación de la educación preescolar, primaria y secundaria es el 'encapsulamiento del aprendizaje' que delimita el conocimiento en un contenido descriptivo, clasificatorio y, por tanto, que no puede llevarse a la vida concreta de las niñas, niños y adolescentes".

II. *Autonomía profesional del magisterio*: "Para contextualizar los contenidos de los programas de estudio de acuerdo con la realidad social, territorial, cultural y educativa de las y los estudiantes".

III. *La comunidad* como el núcleo integrador de los procesos de enseñanza y aprendizaje, así como la relación de la escuela con la sociedad, (noción de centro de aprendizaje comunitario en el que construyen y convergen saberes, se intercambian valores, normas y culturas y formas de convivencia en la comunidad y en la Nación).

IV. El *derecho humano a la educación* de las y los estudiantes en tanto sujetos de la educación, al mismo tiempo que son la prioridad del Sistema Educativo Nacional.

Comparto seis comentarios breves y genéricos sobre estos elementos, a reserva de retomar algunas líneas finas de análisis en el futuro cercano:

1. Una de las cuestiones que se discuten con rigor académico en las experiencias de evaluaciones de programas educativos y su consecuente proyecto de transformación curricular, en diferentes partes del mundo (pongo como referentes los casos de España y Chile), es la preocupación

no tanto por la integración curricular, sino por la desarticulación curricular y la cantidad excesiva de contenidos de enseñanza y aprendizaje que se seleccionan, aparte de la discusión sobre la pertinencia y oportunidad de los mismos.

¿Cuál es la diferencia, en cuanto a la cantidad de unidades didácticas y de contenido que están previstas en el nuevo plan, en contraste con el plan anterior de 2017? ¿Podría hacerse este desglose de manera específica para preescolar, primaria y secundaria? ¿O eso solo se podrá contestar después de llevar a cabo el "codiseño curricular"?

Entiendo que el problema del "encapsulamiento de los aprendizajes" es diferente a la necesidad de concretar los procesos didácticos, de enseñanza y aprendizaje, en unidades temáticas específicas. Esta es, sin duda, una cuestión que no puede evitar ni soslayar la/el docente.

Así mismo, se requiere discutir a fondo el concepto que tienen las/los diseñadores del plan acerca del aprendizaje:

> El aprendizaje no es un hecho que reside en la mente de las y los estudiantes, ni un proceso individual, sino que es una acción que se ejerce en relación con otras personas, en contextos específicos y mediante el uso de diversos objetos y símbolos culturales.

¿La lógica del plan no admite la dialéctica y vinculación entre los procesos intra- e intersubjetivos durante los procesos de aprendizaje?

El análisis de la cantidad de los contenidos seleccionados deberá estar a la par de una reflexión acerca de la calidad, pertinencia y relevancia de los mismos. Y todo ello en función de la discusión sobre el concepto de aprendizajes escolares que se tenga. ¿Cómo se ha sorteado ese proceso analítico? ¿Se ha hecho ese ejercicio; hay resultados o esto se va a discutir durante el estudio piloto previsto?

2. Una segunda reflexión está centrada en la discusión acerca de cómo llevar a cabo los procesos de enseñanza de manera concreta (los métodos). Es cierto que existen algunas recomendaciones genéricas en torno a esta cuestión, pero hace falta entrar en detalles. Al respecto, sería interesante que se establecieran algunos criterios de orden pedagógico didácticos, en consenso con el magisterio que trabaja en aula, a efecto de que las/los docentes tengan algunas rutas de acceso y reflexión para actuar.

Asociado con lo anterior y más allá de la retórica, sugiero que profesoras y profesores construyan o reconstruyan algunos principios pedagógicos y didácticos, reconocidos por la investigación educativa actual, que fueran orientadores de la práctica educativa y pedagógica en cada subnivel escolar, es decir, una lista con definiciones y sugerencias para preescolar, otra para primaria y una más para secundaria o por fases sugeridas en el plan.

3. Por otra parte, según el boletín n.º 192 de la SEP, las autoridades educativas han informado, respecto al plan de estudio, que este iniciará "su implementación con una prueba piloto en al menos 30 escuelas por entidad federativa, durante el ciclo escolar 2022-2023".

Algunas preguntas de orden metodológico que conviene hacer son: ¿Cuál es el contenido de la ficha metodológica y teórica del estudio piloto que se aplicará en educación básica durante el presente ciclo escolar? A estas alturas todavía hay muchas dudas ¿Cuáles serán, por ejemplo, los criterios, técnicas e instrumentos de evaluación educativa y curricular? ¿Cómo fueron diseñados el estudio y la muestra? ¿Por qué se habla de cantidades iguales de escuelas (30) por entidad o estado, por ejemplo, si no son cantidades iguales totales de escuelas en cada demarcación?

4. Tal como lo señalé en un comentario anterior: ¿dónde están las maestras y los maestros en el orden de las necesidades de aprendizaje, en términos de su desarrollo profesional y en el ejercicio de sus derechos en materia de formación continua? ¿Cómo se llevará a cabo el complejo proceso de actualización de las figuras educativas al ponerse en operación el relevo curricular? Sabemos que ya se han trazado líneas generales acerca de esto (momento de apropiación, le llama el plan), pero aún hay dudas por despejar en el plano operativo.

5. Una pregunta de análisis y al mismo tiempo dirigida a las/los diseñadores y autoridades educativas del más alto nivel de la SEP: ¿cuáles serán los alcances o las fronteras de la autonomía profesional del magisterio sugerida en el plan? ¿Cuáles serán los criterios que se establecerán al respecto? ¿Y quiénes serán los evaluadores y observadores de los procesos para que esa autonomía se lleve a cabo en un ámbito de libertades y de democratización del trabajo colegiado entre docentes y directivos escolares y asesores técnicos?

6. El punto sobre la reivindicación de la educación como un derecho humano fundamental está consagrado en la constitución política

mexicana. Por ello, no veo razón para que su reiteración retórica forme parte de la estructura principal del marco curricular.

Acaso estas son algunas de las líneas generales de análisis que sugiero o pongo a consideración como una eventual agenda para incorporar en los Consejos Técnicos Escolares del actual ciclo escolar. Espero que hay apertura en ello, si es que no nos gana antes la inercia burocrática y las sobrecargas administrativas.

El cambio curricular (SEP, 2022) para la Educación Básica: ¿Adiós al enfoque "competencial"?[***]

Diversas voces magisteriales (docentes, directivos escolares y asesores técnicos) afirman en escuelas, aunque de manera no generalizada, que la propuesta curricular para la educación básica, SEP 2022, está bien. Que su problema no es de contenido o de consistencia interna, sino de aplicación. No estoy de acuerdo con esa idea. No al menos con la primera parte de esa afirmación. Me parece que hay problemas tanto en el diseño (contenido y forma de elaboración) como en la aplicación de la propuesta.

Por ello, en este texto argumentaré sobre la existencia de algunas inconsistencias del contenido de la propuesta curricular, SEP 2022, y pondré sobre la mesa un conjunto de ideas sobre el tema, a partir de las consideraciones teóricas que se encuentran registradas en este campo, específicamente me detendré en el análisis de lo expresado por los asesores o especialistas de la llamada "transformación curricular española" (me refiero a la iniciativa de cambio curricular o LOMLOE).

¿Cuáles son específicamente los problemas que presenta la propuesta curricular desde su diseño en México? Existen, al menos, las siguientes inconsistencias teóricas y metodológicas en el centro de la propuesta mexicana: El proyecto no discute a fondo las ventajas y desventajas, por ejemplo, del enfoque competencial; su noción de aprendizajes escolares es reduccionista; y el vínculo y los referentes de la noción de "comunidad" son confusos.

Cabe recordar que los espacios/tiempos técnicos o de incorporación de las teorías/métodos educativos o pedagógicos en la construcción de

[***] Texto publicado en *Revista Aula* en febrero de 2023. <https://revistaaula.com/el-cambio-curricular-sep-2022-para-la-educacion-basica-adios-al-enfoque-competencial/>.

las políticas públicas educativas son deliberados o intencionados, y que simultáneamente forman parte del entramado complejo (legal, político e ideológico) de las instituciones de gobierno (SEP).

Ventajas y desventajas del enfoque competencial

¿Cuáles serían las ventajas pedagógicas, tanto en lo teórico como lo práctico, si se da continuidad al enfoque de "desarrollo de competencias" desde el diseño curricular para la educación básica? Que por cierto fue adoptado en México desde los cambios curriculares de 2004 (Programa de Educación Preescolar); así como en 2006 (Reforma Integral de la Educación Secundaria); y en 2009 (modificación curricular de la Educación Primaria).

Posteriormente y en una dinámica de continuismo reformista y curricular, la SEP dio a conocer las modificaciones curriculares de 2011 ("Articulación de la Educación Básica" mediante el Acuerdo 592), así como con las transformaciones al plan y programas de estudio de preescolar, primaria y secundaria publicadas en 2016 y 2017 ("Nuevo Modelo Educativo").

Prácticamente, así quedaba instalada la era del "desarrollo de competencias" en la educación básica, luego de su paso triunfal por la educación superior y el posgrado, y luego en la educación media superior tanto convencional como profesional técnica (CONALEP), esto durante la décadas de los años 90 del siglo pasado.

Esto lo escribí en el año 2021 al dar contextualización al debate necesario sobre este tipo de diseño curricular construido sobre la noción competencial:

Es importante reconocer que el llamado modelo "competencial" o de desarrollo de competencias, que incluye un enfoque particular de planificación didáctica y de diseño de ambientes para el aprendizaje, centrado en el logro, formulado originalmente por los expertos de la OCDE, no es el único ni el más completo de los existentes en la literatura internacional de la investigación educativa, pero sí es uno de los más influyentes, hoy, como soporte técnico-metodológico de los programas educativos nacionales, así como de las políticas públicas nacionales y locales, como si se tratara de un saber indiscutible o de obvia resolución.

El cambio curricular con ese enfoque, sin embargo, no necesariamente impactó en la transformación de la cultura y las prácticas docentes de las naciones que lo han adoptado, sobre todo en aquellas sociedades donde se han iniciado procesos de reforma de la educación desde el año 2000-2001, aproximadamente, a la fecha, tal es el caso de México (SEP, en especial durante los años 2009, 2011 y 2017). (Ver: "SEP: Debatir la noción de competencias educativas", SDP Noticias, 23 de noviembre, 2021.)

Me pregunto: ¿cuál es el sustento o fundamento teórico-metodológico del modelo educativo que eligió la SEP (es decir, sus especialistas) acerca del diseño curricular "competencial" adoptado en México desde hace más de 30 años, y concretado en planes y programas de estudio de la educación pública durante el período de aplicación más agresiva de las políticas públicas neoliberales (2000-2018)?

Dice el texto del Modelo Educativo 2016-2017 (elaborado por la SEP del gobierno peñista) que "el currículo nacional debe fomentar el desarrollo de competencias para la vida que son fundamentales. Una competencia clave que estructura a otras es 'aprender a aprender', que significa aprender a pensar, a cuestionarse acerca de los diversos fenómenos, sus causas y consecuencias, a controlar los procesos personales de aprendizaje, así como a valorar lo que se aprende en conjunto con otros"... "Una segunda competencia clave que está relacionada con el desarrollo de las habilidades socioemocionales de los niños y los adolescentes es 'aprender a convivir', ya que se trata de un fin que en nuestra época debemos enfatizar" (Nuevo Modelo Educativo, SEP, 2017, pp. 46-47).

Efectivamente, el desarrollo sistemático de las llamadas "competencias educativas clave" y los aprendizajes que están vinculados a estas, constituyen piezas centrales en el diseño curricular actual en la educación de las niñas, los niños y los jóvenes en distintas latitudes del mundo y en México. Pero el problema que presenta esa concepción (que por cierto, como se dijo, no es muy novedosa, ya que la OCDE la propuso desde los años 90, con la idea de las llamadas *key skills*), no es tanto su origen, definición o caracterización, sino su pertinencia y consistencia en relación con las necesidades educativas locales, su fundamentación interna y su pretendida "neutralidad ideológica".

En el contexto español, César Coll y Elena Martín, como asesores del proyecto de reforma curricular más reciente del país ibérico, señalan lo siguiente para justificar la aceptación de la noción de "competencias": "...el papel que juega el currículo, la importancia de conocer las intenciones educativas y las orientaciones para favorecer el aprendizaje y organizar la enseñanza… exponen las nuevas exigencias de aprendizaje y presentan algunas opciones y criterios que convendría tener en cuenta en el proceso de modernización curricular, atendiendo, por un lado, al perfil de salida del alumnado, que toma como referencia las ocho competencias clave y los grandes desafíos del siglo XXI y, por otro lado, a los aprendizajes esenciales de las competencias específicas de las áreas y materias, diferenciando entre aprendizajes básicos imprescindibles o esenciales y aprendizajes básicos deseables, recalcando que la meta del aprendizaje no son los contenidos sino las competencias" (*Revista de la Asociación de Inspectores de Educación de España*, 2021, Avances en Supervisión Educativa).

Coll y Martín en su análisis enfatizan: "… la importancia de unas buenas políticas para el adecuado desarrollo curricular y la colaboración entre el Ministerio y las comunidades autónomas, destacando que el reto de la equidad necesita dotar de la suficiente autonomía curricular a los centros para que puedan ampliar y profundizar determinados contenidos e incluso abordar otros en función de la diversidad de los perfiles del alumnado, en línea con las nuevas propuestas de personalización del aprendizaje." (Ver: Ley Orgánica para la Mejora de la Calidad Educativa, LOMCE, 8/2013, del 9 de diciembre).

Desde la perspectiva de la planificación didáctica, algunas de las ventajas al adoptar el enfoque competencial son, en efecto, cuestiones de precisión y de flexibilidad, si pensamos sobre todo en determinados campos formativos (por ejemplo, Pensamiento Matemático); y en la necesidad de alcanzar la efectiva autonomía de los docentes a la hora de definir las actividades escolares no solo en relación con los contenidos, sino con la definición de las competencias educativas, genéricas y específicas. Sin embargo, algunas de las desventajas están focalizadas en la complejidad del trabajo de planificación didáctica y de la evaluación de los aprendizajes que este enfoque demanda, y en la carencia de una preparación profesional especializada (diseño curricular) en la que las/los docentes no han participado desde su formación inicial.

Con tales argumentos y obstáculos de carácter práctico no se ve cercano ni pronto el momento de decir adiós a la noción de "desarrollo de competencias".

La noción de aprendizajes escolares es reduccionista

En septiembre de 2022 escribí lo siguiente en relación con este tema específico de la definición de aprendizajes, en general, y sobre el concepto de aprendizajes escolares, en particular, implícitos en la propuesta curricular de la SEP, 2022: preocupa que el nuevo proyecto de transformación curricular de la educación básica en México, publicado recientemente por las autoridades educativas federales (SEP, Anexo del Acuerdo 14/08/22) haya incurrido en fallas teórico-pedagógicas elementales. Me detengo en esta oportunidad en una de ellas: el concepto de aprendizaje y, en particular, el concepto de aprendizaje en la escuela. (Ver: "SEP: Educación y Aprendizajes Escolares", SDP Noticias, 22 de septiembre, 2022).

Queda claro para todo mundo que los seres humanos aprendemos independientemente de la trayectoria escolar. Aprendemos el lenguaje verbal, a caminar y a comer sin pasar por ninguna escuela. En cambio, aprendemos los sistemas del lenguaje escrito, la formalización de problemas matemáticos o las teorías sobre el universo, casi siempre, en la escuela.

En ambos casos tanto el aprendizaje a secas como el aprendizaje en la escuela están mediados biológica o culturalmente, por situaciones, objetos o por otras personas; sin embargo, ambos se concretan en el sujeto particular.

Según la SEP: "El aprendizaje no es un hecho que reside en la mente de las y los estudiantes, ni un proceso individual, sino que es una acción que se ejerce en relación con otras personas, en contextos específicos y mediante el uso de diversos objetos y símbolos culturales" (SEP, anexo del Acuerdo 14/08/22).

El aprendizaje humano como fenómeno de estudio y como hecho o proceso que se verifica en la escuela, es un hecho, proceso o acto individual y social. ¿Por qué negar la dimensión individual de este complejo proceso? ¿Existe una consigna oficial para excluir todo "lo individual" en el Plan a efecto de sobrevalorar "lo comunitario", aún en contra de los hallazgos de las ciencias cognitivas y del aprendizaje humano?

Decir que "El aprendizaje no es un hecho que reside en la mente de las/los estudiantes, ni un proceso individual..." no se sostiene de manera racional ni ante la evidencia científica. Las niñas, los niños y las/los jóvenes que participan de la educación básica pueden leer y reflexionar en grupo, pero la concreción del aprendizaje se da en lo individual, en el plano de "lo particular". Vygotski denomina a este proceso también como de "transiciones hacia el interior" de la niña o el niño.

El vínculo y los referentes en torno a la noción de "comunidad" son confusos

El Acuerdo del 22 de agosto de 2022, de la SEP, señala: "Esta propuesta curricular coloca a la comunidad como el espacio social, cultural, político, productivo y simbólico en el que se inscribe la escuela entendida como el núcleo de las relaciones pedagógicas, así como de los procesos de enseñanza y aprendizaje, para que las y los estudiantes desarrollen al máximo todas sus potencialidades y capacidades en el seno de una comunidad a la que sirven y que les sirve" (p. 67).

"La comunidad puede ser entendida desde el medio rural en la forma de municipio o pueblo, o bien, en zonas urbanas en la forma de barrio o colonia; lo fundamental es que la escuela estreche lazos con ambas perspectivas comunitarias para fortalecer las relaciones entre grupos y personas desde su diversidad y propiciar interacciones educativas de mutua influencia" (p. 12).

Pongo sobre la mesa dos ejemplos dentro de la noción de la comunidad como "territorio/población": la Secundaria Gral. n.° 1, en Querétaro, Qro. y Secundaria Diurna n.° 16, en Tlatelolco, CDMX. Ambas atienden a estudiantes de colonias diversas o municipios aledaños. ¿Cuál es la comunidad-territorio-población de referencia, según la SEP en el contexto del cambio curricular 2022?

Consideraciones finales

El proyecto curricular en México (SEP, 2022): 1) No discute a fondo las ventajas y desventajas del enfoque competencial como sí lo hacen otros proyectos (ello se aprecia en el proyecto de cambio curricular en España). 2) Su noción de aprendizajes escolares es reduccionista, puesto que considera que todos los procesos de aprendizaje son sociales y no acepta que haya una radicación o aterrizaje de tales procesos en el sujeto particular; y 3) el vínculo y los referentes de la noción de "comunidad" son confusos porque en algún momento se habla de "comunidad" educativa, en otros de comunidad como territorio/población y en otros más como "comunidad" sin límites físicos ni referencias territoriales/

poblacionales. ¿Con cuál noción de "comunidad" nos quedaremos para efectos de concretar las tareas de planificación didáctica y cómo llevar a cabo las acciones de traducción del aparato conceptual curricular hacia la pretendida transformación de las prácticas docentes? ¿Y en qué dirección se hará este tipo de cambios en los planos pedagógico y educativo?

SEGUNDA PARTE:
LA CULTURA ESCOLAR DE LA EDUCACIÓN BÁSICA

Capítulo 7

REFLEXIONES SOBRE CAMBIO EDUCATIVO Y CULTURA ESCOLAR

Aprendizajes curriculares explícitos y "ocultos"*

Hace 40 años, durante los inicios de la década de los años 80, el concepto del *Currículum oculto* había reaparecido en los círculos académicos de nuestro país, luego de que Philip W. Jackson lo introdujera en su libro *La vida en las aulas* desde finales de la década de los años 60 del siglo pasado. Profesor de la Universidad de Chicago, Jackson narra en su texto los años en que se dedicó a la ardua tarea de observar las interacciones entre los actores (adultos y niños) en las aulas de la educación elemental, en escuelas urbanas de los Estados Unidos.

Por cierto, Jackson tuvo una trayectoria académica interesante: "... desde 1968 en que publica *La vida en las aulas* (Madrid, Marova, 1975; y en Madrid, Morata, 1991), se da a conocer su trabajo novedoso e interesante, debido a su contribución desde la Antropología de la educación. También es autor de *Enseñanzas implícitas* (Buenos Aires, Amorrortu, 1999) y *Práctica de la enseñanza* (Buenos Aires, Amorrortu, 2002). Fue, así mismo, editor de la 3.ª edición del *Handbook of Research on Curriculum* (Nueva York: Macmillan 1992) y, en los últimos años, es estudioso y editor de obras de Dewey"[1].

"Este autor plantea que el *currículo oculto* sirve como mecanismo de adaptación a la sociedad y consiste en una introducción a las exigencias de las relaciones sociales del trabajo. Así mismo, señala que la multitud, el elogio y el poder se combinan para dar un sabor específico a la vida en el aula, y generan colectivamen-

---

* Texto publicado en SDP Noticias, el 23 de octubre de 2019. <https://www.sdpnoticias.com/columnas/curriculares-aprendizajes-explicitos-ocultos.html>.

[1] Algunas de las notas tuvieron como referencia al siguiente sitio: <http://abhb.blogspot.com/p/philip-w-jackson.html>.

te un currículum oculto o paralelo al currículo formal (académico, que es explícito), que cada alumno y cada profesor debe dominar para desenvolverse satisfactoriamente" en el ambiente escolar. En relación con lo anterior, en mayo pasado escribí lo siguiente en alusión al rol que juega la escuela en la sociedad actual y al lugar que ocupa el análisis del currículo escolar en las dos dimensiones mencionadas: lo académico o explícito y lo "oculto" o implícito. La escuela es, por definición, una institución binaria: conservadora e innovadora a la vez. Los actores de los procesos educativos que entran en acción en las escuelas (sobre todo los docentes, estudiantes, directivos, personal de apoyo y responsables de las familias) tienden a preservar no solo las tradiciones sociales y culturales, sino también las relaciones sociales escolares (los llamados patrones de la "cultura escolar"), que se reproducen e invariablemente se aprenden por parte de dichos actores (esto es lo que se conoce también, en el ámbito de la investigación educativa, como "currículo paralelo u *oculto*"). Por esa razón, justamente (debido a la inercia conservadora y a la reproducción de patrones culturales), la realidad de la escuela pública muestra que no han existido cambios profundos en ella a lo largo de los últimos 40 años.

Si, en cada una de las escuelas, los propios actores educativos hicieran un ejercicio de autocrítica, de autoanálisis, acerca de los patrones que se reproducen o se ponen en contradicción en el ámbito de los centro educativos, como parte de sus culturas escolares idiosincráticas o diversas, singulares, se obtendrían hallazgos interesantes que darían pie a una lista de alternativas o ideas para la acción, las cuales generarían cambios significativos a fin de sustituir las prácticas educativas caducas o ajenas a las necesidades planteadas por los estudiantes, hoy, en las escuelas.

La extensión del cambio: desde la gestión docente hasta la gestión directiva

Un eje de gestión educativa orientado hacia el cambio, por ejemplo, (que deslegitime y desmonte la lógica del *control de grupo* por parte del docente, y del *control del docente*, por parte del directivo escolar), consiste en revisar las actitudes y los valores que son asumidos como "inamovibles" o "irremplazables", los cuales se viven a través de las prácticas educativas cotidianas, mismas que habrán de ser tomadas en cuenta para abonar a favor del cambio. Un caso concreto que se repite como "irreductible" es la recreación del "cuadro de honor" (un selecto grupo de alumnos que registra las más altas calificaciones durante un periodo del ciclo escolar), que se coloca en los muros de las escuelas públicas y privadas, no solamente como acto de formación y reivindicación de la incipiente "meritocracia", sino como reproducción de un patrón excluyente y discriminatorio: las y los estudiantes que no aparecen en ese "cuadro" pueden autopercibirse como excluidos, aun cuando han hecho su mayor esfuerzo por modificar sus niveles de logro, en términos de aprendizajes.

En ese sentido, considero que las "innovaciones" educativas tendrían que pasar, primero, por la crítica a los esquemas autoritarios y discriminatorios que prevalecen, que cambian, o no, de manera gradual o que trascienden discretamente, esto al interior sobre todo de la escuela pública. Ello sin descartar la idea de voltear una vez más hacia el concepto de la educación libertaria o liberadora (Paulo Freire), promotora de la autogestión, del sentido de responsabilidad social, de la fraternidad y la solidaridad entre los miembros de la comunidad educativa; una educación como espacio social y cultural que establezca, así mismo, los equilibrios necesarios en sus relaciones con el entorno natural y social.

Pero también, en segundo lugar, la dinámica del cambio educativo no solamente se puede quedar en la extensión, es decir, que no solo sea ejercida (dicha dinámica) por los actores educativos principales (docentes y directivos), sino que también habrá de abarcar a los estudiantes y a los familiares de estos, puesto que sus propias dinámicas están orientadas hacia el "no cambio" o hacia la conservación del "estado de cosas". Y en ello también está concentrada la inmovilidad educativa.

Así, dicho esto como una primera conclusión, tanto el currículo académico como el currículo paralelo, "social" (u "oculto"), demandan de un ejercicio de autocrítica y de revisión por parte de los diferentes actores o miembros de la comunidad escolar, en un sentido amplio y profundo.

Reitero la parte final de mi texto escrito en mayo pasado ("Cambio Educativo: Algunas ideas para reflexionar", SDP Noticias, 31 de mayo, 2019): Sin duda existen muchos otros temas en la agenda de discusiones sobre lo que podríamos cambiar en las escuelas "desde abajo", y no como movimientos que vienen "desde arriba", y que no constituyen una necesidad de las comunidades educativas (como es el famoso y lamentable caso de los "clubes" escolares, que fueron sembrados artificialmente en todo el país). Por ello, pienso que el modelo verticalista del cambio educativo, "desde arriba", está agotado y en franca crisis o decadencia. Como alternativa, el debate que habrá de desplegarse es el que nace desde la escuela pública, como entidad social y cultural de base; discutir acerca del qué, el cómo y el por qué generar cambios en la vida cotidiana escolar; más allá incluso de las iniciativas "reformistas", generalmente impuestas a la escuela por parte de las cúpulas políticas, económicas y sindicales, que han demostrado ser, una y otra vez (por decir lo menos), un verdadero fracaso.

El currículo oculto de "Aprende en Casa II"[**]

¿Dónde aprenden las niñas y los niños a levantar la mano para hacer uso de la palabra? ¿Dónde aprenden a decir "presente" al momento en que la maestra, desde preescolar, pasa lista? ¿En qué contexto social se aprende, por primera vez, a formarse o a hacer fila y a esperar a que un adulto dé indicaciones? Esos y muchos otros episodios de vida cotidiana, se generan en la escuela, no en la familia ni en ninguna otra institución social. Ahí (la escuela) es donde se desarrolla el conjunto de aprendizajes que se requieren para sobrevivir en la vida, tanto en la escuela como fuera de ella. Son los aprendizajes que forman parte del currículo paralelo u "oculto".

Relacionado con ello, en el año 2019 escribí un artículo sobre la aplicabilidad del concepto de currículo paralelo u "oculto", en las prácticas docentes, hoy[2] Ello en el contexto social de la escuela pública en época de no pandemia. ¿Qué aspectos podrían recuperarse cuando hablamos del currículo "oculto" en época de pandemia, y cómo se da su aplicación en la base del sistema educativo?

Uno de los primeros exponentes del concepto de currículo paralelo u "oculto", P. W. Jackson[3], señala que "... el currículo oculto sirve como mecanismo de adaptación a la sociedad y consiste en una introducción a las exigencias de las relaciones sociales del trabajo... la multitud, el

[**] Texto publicado en SDP Noticias, el 30 de noviembre de 2020. <https://www.sdpnoticias.com/columnas/el-curriculo-oculto-de-aprende-en-casa-ii.html>.

[2] Aprendizajes curriculares explícitos y "ocultos", SDP Noticias.com, 23 de octubre de 2019.

[3] El término en inglés del currículo "oculto" *es hidden curriculum*, y se escribe entre comillas porque no hay nada oculto o escondido en él. Jackson, en 1968, decía que ese currículo había estado oculto de la investigación educativa hegemónica de los años 60 del siglo XX. Algunas de las notas tuvieron como referencia al siguiente sitio: <http://abhb.blogspot.com/p/philip-w-jackson.html>.

elogio y el poder se combinan para dar un sabor específico a la vida en el aula, y generan colectivamente un currículum oculto o paralelo al currículo formal (académico o explícito), que cada alumno y cada profesor debe dominar para desenvolverse satisfactoriamente" en el medio escolar.

Esto nos lleva a analizar al currículo escolar en dos dimensiones claramente diferenciadas: lo académico o explícito y lo "oculto" o implícito. Si la escuela es, por definición, una institución binaria, es decir, conservadora e innovadora a la vez, los actores de los procesos educativos que entran en acción en las escuelas (sobre todo los docentes, estudiantes, directivos, personal de apoyo y responsables de las familias), tienden a preservar no solo las tradiciones sociales y culturales, sino también las relaciones sociales escolares dominantes, que dan soporte a la vida en las instituciones educativas (los llamados patrones de la "cultura escolar"), mismos que se producen, se reproducen e invariablemente se aprenden, se "interiorizan", se asumen o se subjetivan por parte de dichos actores.

Por esa razón (debido a la inercia conservadora y a la reproducción de patrones culturales), la realidad de la escuela pública, al menos lo que se observa en México, muestra que no han existido cambios profundos o sustantivos en ella a lo largo de los últimos 40 años, sino que se preservan ciertas rutinas escolares que no cambian al paso del tiempo, en todos los niveles de la educación escolar.

En época de pandemia, los patrones socioculturales se crean y se recrean

Hoy, en tiempos de pandemia, la expresión ampliamente divulgada y conocida –por patética y cotidiana–, de una madre que envía un texto a la maestra de Primaria, por medio del teléfono celular, con un mensaje como el siguiente: "Cuando tenga dinero para comprar tiempo aire, con mucho gusto le enviaré la tarea de mi niño". Expresión que da cuenta de los aprendizajes de la vida cotidiana que están vinculados de manera orgánica con las "relaciones escolares extraordinarias" que se desarrollan con la puesta en operación, en México, del esquema "Aprende en Casa II" (AEC-II de la SEP), como dispositivo que lanzaron las autoridades educativas federales para dar continuidad a las actividades educativas del ciclo escolar 2020-2021, en curso.

Lo interesante de este desarrollo de las prácticas escolares "sin escuelas abiertas", es que el currículo paralelo u "oculto" se crea y al mismo tiempo se recrea, en vista de los contextos, las circunstancias sociales, económicas y culturales que se viven en las comunidades educativas, cuyo avance pende sobre un hilo en un contexto de crisis sanitaria y económica prolongada (estamos en el último día del mes de noviembre de 2020 y los reportes de las autoridades de salud indican que la pandemia no tiene fecha clara de terminación o de control).

Por otra parte, si en cada una de las escuelas del esquema AEC-II, los propios actores educativos hicieran un ejercicio de autocrítica acerca de los patrones que se reproducen o se ponen en movimiento y en contradicción en el ámbito de las actividades de aprendizaje a distancia, como parte de sus culturas escolares idiosincráticas o diversas, singulares, se obtendrían hallazgos interesantes que darían pie a alternativas o ideas para la acción, las cuales generarían cambios significativos, concretos, a fin de sustituir las prácticas educativas caducas o ajenas a las necesidades planteadas por los estudiantes y sus familias, hoy, en las actividades escolares, a distancia, dentro del esquema AEC-II.

Un eje de gestión educativa y escolar orientado hacia el cambio, por ejemplo (que deslegitime y desmonte la lógica del "control de grupo" por parte del docente, y del "control del docente", por parte del directivo escolar), consiste en revisar las actitudes y los valores que son asumidos como "inamovibles" o "irremplazables" en la práctica docente y directiva, los cuales se viven a través de las prácticas educativas cotidianas, que podrían de ser tomadas en cuenta para abonar a favor de dichas aspiraciones de cambio educativo (antes desde el aula; hoy desde las interacciones a distancia).

Precisamente, un caso concreto que se repite como "irreductible", hoy, es la aplicación de exámenes de conocimientos a distancia (en la lógica de evaluar a los aprendizajes de los estudiantes como acciones ligadas a un producto y no como a un proceso complejo y multifactorial); exámenes que se complementan con la colección de "evidencias de aprendizaje" (tareas a realizar en casa, mapas de conceptos, presentaciones digitales, llenado de cuadernillos o manuales, etc.), por parte de las y los docentes en estas condiciones adversas. ¿Dónde entra aquí la noción o concepto del currículo paralelo u "oculto"? Precisamente en las prácticas paralelas, informales, que acompañan a las actividades formales del currículo académico explícito u oficialmente prescrito.

En la experiencia de la educación superior y en el ámbito de la formación de profesionales de la educación, una de las rutinas que más se registran como aprendizajes paralelos que regulan y marcan el paso de las interacciones escolares a distancia son las ausencias discontinuas o intermitentes de las y los estudiantes en las sesiones virtuales (en tiempo real o asincrónico), y por lo tanto, para participar y realizar las actividades de aprendizaje sugeridas. Esto sucede con frecuencia a pesar de que las y los estudiantes universitarios son relativamente independientes en cuanto al uso de las nuevas tecnologías de la información y el conocimiento. ¿Cómo se darán las intermitencias o ausencias discontinuas en la educación básica, donde las y los estudiantes son, en su mayoría, tecnológicamente dependientes?

Por ello, considero que las innovaciones educativas tendrían que pasar, primero, por la crítica a los esquemas autoritarios que prevalecen (centrados en el control de las y los estudiantes), que cambian de manera gradual o que se trasforman discretamente, esto sobre todo en la escuela pública; sin descartar la idea, como alternativa, de la autogestión, del sentido de responsabilidad social, de la fraternidad y la solidaridad entre los miembros de la comunidad educativa; una educación como espacio social y cultural que establezca los equilibrios necesarios en sus relaciones con el entorno natural y social.

Pero también, y en segundo lugar, la dinámica del cambio educativo implica el extensionismo, es decir, que no solamente se queda en el ejercicio del cambio por parte de los actores educativos principales (docentes y directivos), sino que también habrá de abarcar a los estudiantes y a sus familiares, puesto que sus propias dinámicas están orientadas hacia el "no cambio" o hacia la conservación del "estado de cosas". Y en ello también está concentrada la inmovilidad educativa.

Así, dicho esto como una primera conclusión, tanto el currículo académico como el currículo paralelo, "social" (u "oculto"), demandan de un ejercicio de autocrítica y de revisión por parte de los diferentes actores o miembros de la comunidad escolar, en un sentido amplio y profundo. Y ahora, con la pandemia, de una manera más generalizada y continua.

El trabajo docente, la lectura y las élites***

Juan Domingo Argüelles retomó recientemente a Alberto Manguel y a José Saramago para referirse a la compleja relación entre los libros,

*** Texto publicado en SDP Noticias el 16 de julio, 2019. <https://www.sdpnoticias.com/columnas/docencia-lectura-elites.html>.

la lectura y las élites. Manguel afirmó lo siguiente durante una entrevista: "... La proporción de lectores con respecto al resto de la sociedad es muy pequeña. Los lectores son una élite, pero una élite a la cual todo el mundo puede pertenecer". En otra parte de su texto, Argüelles afirma: "Hasta José Saramago, a quien nadie acusaría de hombre de derechas, dijo lo que es obvio para quien realmente sabe sobre libros y lectura: Leer siempre fue y siempre será cosa de una minoría y no vamos a exigir a todo el mundo la pasión por la lectura"[4].

Aunque la crítica que hace Argüelles está enfocada hacia las políticas culturales de la 4T (con la discutible interpretación de la "cultura del resentimiento"), su reflexión crítica acerca de las relaciones contradictorias entre los libros, la lectura y las élites me recuerda y vincula con los procesos de formación escolar de las niñas, los niños, jóvenes y adultos en México, pero también, y en particular, me conecta con mis preocupaciones acerca de los procesos de aprendizaje de los docentes y directivos de la escuela pública en el tramo conocido como "educación básica".

Algunas de las preguntas que me sugirieron tras la revisión de la reflexión crítica referida son: ¿cómo se forman los hábitos de lectura de los docentes y directivos de la escuela pública? ¿La acumulación de horas de lectura que llevan implícitos los cursos en las Escuelas Normales o en la Universidad Pedagógica Nacional (UPN) son suficientes como para crear y establecer en los futuros docentes las rutinas lectoras y redactoras? Por otra parte, a nivel de las prácticas docente y pedagógica: ¿qué impacto tienen las actividades lectoras y de escritura de los docentes y demás figuras educativas, en los aprendizajes escolares y, específicamente, en los hábitos de lectura y escritura de las y los estudiantes? ¿Qué leen y sobre qué escriben nuestros queridos maestros y maestras de la educación básica pública en México; y para qué; con qué intención lo hacen?

Considero que una referencia válida para identificar si en realidad las instituciones formadoras de docentes, directivos escolares y otros profesionales de la educación (con intenciones o no de constituir élites ilustradas), promueven la lectura y la escritura original, consistiría en saber si los docentes, asesores, personal administrativo y directivos de dichas instituciones son lectores y escritores asiduos o no. Mi experiencia en UPN es variada y oscilante al respecto.

---

[4] Juan Domingo Argüelles, "La élite y el bonche: la cultura y el resentimiento", *El Universal. Confabulario*. 13 de julio de 2019. <https://confabulario.eluniversal.com.mx/mexico-politica-cultural/>.

Por cierto, en alguna ocasión propuse en la mesa o equipo técnico estatal de la educación básica en Querétaro que, al iniciar cada reunión de trabajo y acuerdos, alguno de los participantes hiciera una breve reseña sobre un libro que estuviera en proceso de lectura personal o grupal. La práctica despertó entusiasmo por un tiempo corto (unos cuantos meses), pero esa rutina se perdió posteriormente. Me quedé con la impresión de que, en las burocracias técnicas de la educación pública (a partir de esta experiencia singular y sin ánimo de generalizar) los hábitos de lectura son escasos e intermitentes, y los de la escritura son prácticamente inexistentes.

Algún cambio urgente deberíamos de proponer al respecto. Voto por crear y promover formatos innovadores en ese ámbito. Además de reformar las agendas de los Consejos Técnicos Escolares (CTE), que han estado enfocados, desde 2013, a la reproducción acrítica del "gerencialismo tecnocrático" de lo educativo, propongo llevar a cabo círculos de lectura o talleres de redacción (sin pretensiones demagógicas como para formar "escritores") en los colegios de profesores y directivos escolares, durante o de manera independiente a los tiempos marcados para realizar los CTE. Quizá una iniciativa de esa naturaleza contribuya, más que la retórica de la "excelencia", a ejercer el derecho a la educación.

Por otra parte, el contacto con miles de estudiantes que me ha dado la tarea docente y la organización de procesos de formación continua para docentes en servicio, por más de 30 años, me lleva a la conclusión de que hacen falta más tiempos y espacios para el fomento y fortalecimiento de las actividades de lectura y escritura en favor de los docentes, asesores técnicos y directivos escolares del sector público, de todos los niveles educativos, tanto en formación como en el ejercicio de su profesión.

La discusión que sugiere Argüelles, en el sentido de que es casi imposible que la lectura o la escritura se conviertan en actividades de masas ("del bonche" o de gran cantidad de gente) porque son, por definición, actividades elitistas, requiere de incorporar más elementos de análisis o de matices (no se trata, por ejemplo, de que todos terminen sus vidas como escritores, sino que se generen las condiciones para ejercer esas habilidades trascendentes para la vida), por lo que no me pronunciaría a favor de que la lectura ni la redacción sean patrimonio de una minoría o de las élites (gobernantes o no), sino en todo caso pensaría que la lectura y a la escritura, como habilidades intelectuales y sociales, pueden ser accesibles a toda la población (sobre todo a través de la escuela pública) y que se unifican en la reivindicación del derecho pleno de todas las personas a la educación.

De ese piso básico pueden surgir, en efecto, los talentos para la prosa, para el verso, para la danza clásica o para el drama o la comedia; para el cine de arte o para el periodismo científico, pero lo más relevante es que estudiantes, docentes y directivos escolares vivan la experiencia y el gozo, en un sentido transformador, de ambas habilidades.

Concluyo con un fragmento de Argüelles con el cual coincido: "Lo importante, en la denominada 'república de lectores', no es que todo el mundo esté pegado permanentemente a los libros, sino que todo el mundo tenga acceso a ellos, más allá de que cada cual decida si le gusta leer mucho o poco, o no leer en absoluto. Hay inclinaciones intelectuales que resultan excluyentes, y no hay razón para lamentarlo".

Empoderar a niñas, niños y jóvenes en pensamiento matemático****

Parto de la certeza de que el desarrollo del pensamiento matemático (P.M.) de las niñas, los niños y las/los jóvenes, desde los primeros años de vida, es *indispensable* para contribuir a la formación integral y equilibrada de ciudadanas y ciudadanos.

Digo esto porque, antes de evaluar los libros de texto gratuitos (LTG), es importante revisar el conjunto de *contenidos educativos* (procesos de enseñanza y aprendizaje) que están previstos en el plan y los programas de estudio, debido a que los LTG solo son *auxiliares didácticos*. Y ello implica revisar, entre otras cosas, los criterios que han sido utilizados para seleccionar tales contenidos. ¿Qué tipo de contenidos o procesos cognitivos del P.M. están involucrados y cuáles no en la educación básica? ¿Los criterios parten de "lo mínimo", "lo elemental", "básico" o "lo posible"?

Las y los *diseñadores* de la propuesta curricular para la educación básica (SEP, 2022) al parecer no piensan que el campo del P.M. sea de primera relevancia, pues argumentan que al quedar subordinado e integrado con otros campos formativos, este no se pierde. Aseguran que sí "hay Matemáticas" tanto en los programas como en los nuevos LTG de educación primaria.

En el documento oficial del plan de estudio más reciente (DOF

**** Texto publicado en SDP Noticias, el 16 de agosto de 2023. <https://www.sdpnoticias.com/opinion/empoderar-a-ninas-ninos-y-jovenes-en-pensamiento-matematico/>.

19/08/22), se establece que la necesidad de "integrar" a las antes llamadas "asignaturas" en cuatro campos formativos justifica la subordinación del pensamiento matemático al recién creado campo denominado "Saberes y pensamiento científico" (para "evitar la fragmentación del conocimiento", dicen); sin embargo, lo que se observa en algunos documentos de la SEP (tanto en los LTG como en los programas sintéticos preliminares) es que no se da exactamente la deseada "integración", sino simplemente se presenta o induce una superposición de conocimientos.

En ese contexto, en el siguiente comentario pongo a consideración *ocho argumentos* para defender la idea de que es necesario empoderar a niñas, niños y jóvenes a través de actividades de aprendizaje que permitan el desarrollo del pensamiento matemático en la escuela. En otras palabras, trataré de argumentar por qué no es conveniente subordinar, en el ámbito curricular, al pensamiento matemático con respecto a otros campos formativos.

1. Formación de especialistas. La existencia de programas de formación de profesionales de la educación y de docentes en didáctica de las matemáticas para la educación básica (tanto en escuelas normales, en la normal superior como en diversas universidades), da cuenta de la necesidad del mencionado empoderamiento (no subordinación) y de la acertada respuesta institucional que históricamente se ha dado a una necesidad curricular concreta, sobre todo por el hecho de atender a una demanda específica de la educación básica. ¿Qué sucederá con las y los especialistas formados en este campo disciplinario en México?

2. Evaluaciones nacionales e internacionales de los aprendizajes escolares. El diseño de evaluaciones de los aprendizajes y por lo tanto de instrumentos específicos para valorar los avances en aprendizajes escolares por parte de estudiantes de primaria y secundaria, en términos de logro académico, precisa la *existencia* de este campo formativo (el pensamiento matemático) como tal, ya que es una pieza clave de la formación básica. (Todo ello sin pasar por alto la necesaria discusión acerca de los fines y los procedimientos *hegemónicos* o *institucionalmente legitimados* para llevar a cabo la evaluación de los aprendizajes escolares).

3. Especificidad de la didáctica de las matemáticas con respecto a la didáctica de las ciencias. También, históricamente existe una clara diferenciación estructural, teórico-conceptual y metodológica, entre la didáctica de las matemáticas y otras didácticas específicas aplicadas a la educación básica. De manera concreta, existe una *lógica diferen-*

te entre la didáctica de las matemáticas y la didáctica de las ciencias naturales (física, química y biología), que son los campos disciplinares más abordados en la educación básica, tanto en México como en el mundo.

4. No se observa integración, sino superposición. La evidencia la tomo de documentos oficiales. Hasta el momento he revisado dos libros de la nueva generación de LTG (*Nuestros saberes* para 1°. y 2°. de primaria). Mi apreciación es que no hay secuencias didácticas basadas en la evolución de los procesos cognitivos del campo "pensamiento matemático". Hay actividades sueltas, inconexas, no relacionadas ni armonizadas entre sí. Así mismo, tengo la impresión de que no se abordan ahí todos los procesos cognitivos básicos que son posibles de abordar, ni hay criterios definidos a partir de la *investigación* en psicología y didáctica de las matemáticas. Ello está ampliamente argumentado en varias de mis colaboraciones anteriores (ver, por ejemplo: "SEP: libros de texto gratuitos y pensamiento matemático", SDP Noticias, 1 de agosto, 2023).

5. Es factible rediseñar un campo formativo (como el de P.M.) sin asignaturas. Tal como ha sucedido en el caso de los programas de educación preescolar en México (desde 2004), la misma SEP ha impulsado el campo formativo de pensamiento matemático sin asignaturas. ¿Por qué no hacer lo mismo en primaria y secundaria? Es decir, por qué no retomar este campo formativo del P.M. y buscar su integración con otros campos sin obligarlo a la *subordinación curricular*. Al ganar supuestamente en "integración", con la subordinación señalada, se pierde en precisión.

6. La formación de docentes o de profesores en las escuelas normales. Tanto en escuelas normales básicas (urbanas y rurales) como en el modelo académico de la escuela normal superior existen programas académicos de formación de docentes con un perfil específico orientado hacia la enseñanza de las matemáticas o el P.M., o importantes cargas curriculares donde se fortalece la formación profesional en ese campo. ¿Cómo serían *reubicados* estos profesionales de la educación (la mayoría de ellas y ellos en servicio), y qué sucederá con el conjunto de profesoras y profesores que tienen la *responsabilidad* de formarlos?

7. La formación, evaluación, selección y contratación de las y los asesores técnicos. En el esquema actual de la estructura (pública) escolar nacional, las y los docentes de educación básica pueden concursar para desempeñar la función o la figura de asesor técnico pedagógico (ATP). Los perfiles generales que se han definido, en la perspectiva de las *promociones* para desempeñarse como asesor, son dos: Lenguaje y comuni-

cación, y P.M. Aquí nuevamente surge la pregunta ¿serán reubicadas o reconvertidas estas figuras? ¿Se echará por la borda la experiencia y los conocimientos que ellas y ellos han adquirido y desarrollado durante la última década?

8. Conocimientos, habilidades y actitudes/valores consistentes al interior del campo formativo P.M. La formación de niñas, niños y jóvenes en los tiempos y en las condiciones sociales actuales demanda el dominio de conocimientos básicos, así como de habilidades psicomotrices y actitudes/valores en el campo específico del P.M. La cultura matemática y el desarrollo (con gusto) del pensamiento matemático en niñas, niños y jóvenes constituyen ámbitos imprescindibles para alcanzar una formación integral, plena, como futuros ciudadan@s.

Por todo lo antes señalado, el campo formativo del P.M. debe formar parte del primer círculo de importancia, desde el punto de vista curricular, como otros campos formativos que justamente están *jerarquizados* dentro del primer círculo.

Hasta el momento, no veo razones suficientes para concluir que el campo del P.M. deba de quedar *irremediablemente* subordinado o eclipsado por otros campos formativos dentro de las trayectorias educativas definidas para la educación básica.

Escuelas democráticas[*****]

Durante los trabajos del *Simposio internacional de liderazgo educativo 2022*, celebrado en la Universidad de Guadalajara en diciembre pasado, se discutieron los hallazgos más recientes en la materia, así como sus aplicaciones; y se reflexionó, entre otras ideas, sobre conceptos que resultaron interesantes o poco explorados en torno a la gestión educativa y escolar, que tienen significados profundos en contextos de cambio educativo. Uno de esos *conceptos* es el de las escuelas democráticas.

A propósito de ello, en esta oportunidad retomo un artículo académico que se relaciona con el tema y lo vinculo con los *procesos* de cambio curricular que se llevan a cabo en México, desde el año pasado (2022).

Aunque cabe aclarar un *principio* elemental de concepción de políticas educativas: cualquier iniciativa de renovación curricular (sobre todo para

[*****] Texto publicado en SDP Noticias, el 19 de enero de 2023. <https://www.sdpnoticias.com/opinion/escuelas-democraticas/>.

educación básica) no podrá llevarse a cabo si no cuenta con un *impulso democratizador* de la escuela pública, desde las plataformas que están implicadas en la gestión educativa y escolar hasta los territorios de la formación docente.

Rafael Feito escribió, en 2009, un texto con el sencillo título de "Escuelas Democráticas", situado en el contexto de la educación primaria y secundaria urbana de España. En ese artículo, Feito describe las líneas principales de eso que se entiende, allá, como procesos de "democratización de la escuela pública". (Ver: *Revista de la Asociación de Sociología de la Educación*, vol. 2, núm. 1, enero 2009).

Rescato algunos *fragmentos* de ese texto y describo las líneas principales de tales procesos democratizadores de la escuela pública:

1) "Los centros escolares democráticos hacen una *apuesta* por la inclusión… Este éxito escolar debe suponer una educación de calidad *para todo el mundo*, nunca rebajar los niveles… Hacer este planteamiento es entrar en el terreno de las desigualdades educativas y su conexión con una *estructura social* que las alienta".

2) La siguiente línea parece demasiado obvia; sin embargo, es difícil de lograr: "El segundo requisito es que la vida de las aulas y de las escuelas debería democratizarse. Esto significa que nuestra vida escolar habría de pivotar en torno a la persona que aprende y no, como hasta ahora, en torno a la persona que enseña. Lo fundamental es que la gente salga de la escuela con la capacidad para preguntarse sobre lo que le rodea, para analizar con criterios propios la realidad, para ser alguien dispuesto a *seguir aprendiendo* a lo largo de toda su vida".

Ello implica llevar a cabo un replanteamiento profundo de la escuela pública, no solo en términos de los cambios en los *contenidos* y los *métodos* de enseñanza, sino en la base misma de la escuela como proyecto educativo y social alternativo. Y eso conduce también (inevitablemente) hacia la necesidad de problematizar en torno a la formación inicial de las *maestras* y los *maestros* en las escuelas formadoras de docentes.

3) Para Feito "el *tercer elemento* es que la participación de profesores, alumnos y padres en el *control* y *gestión* de los centros sostenidos con fondos públicos salga del estado de atonía y de inutilidad general en que se encuentra actualmente". Este es un asunto que lleva implícita la necesidad de hacer efectiva la participación de los diferentes actores de la *comunidad educativa*.

Este asunto "va mucho más allá, buscando fórmulas de implicación de alumnos, de padres, de profesores y de gentes del entorno que sobrepasan los límites de lo establecido en la ley".

En una parte del discurso que ha servido como orientación a los procesos de democratización de la escuela pública española (en algún momento impulsado por el Partido Socialista Obrero Español, PSOE), se afirma lo siguiente: "Aquí se entiende que una escuela democrática alienta el *flujo abierto de ideas*, tiene fe en la capacidad del individuo y de la gente para *resolver los problemas*, promueve la reflexión y el análisis crítico para evaluar las ideas, hay una preocupación por el bienestar de los demás. En definitiva, la democracia no es un conjunto abstracto de ideas sino una *práctica cotidiana* que se aprende ejerciéndola día a día en el escenario escolar y fuera de él".

El hecho de construir y desarrollar proyectos de gestión dirigidos a concretar escuelas democráticas no se agota con la idea de que los centros escolares se conviertan en "pequeñas repúblicas", sino en la realización de actividades específicas que aseguren la participación de sus miembros, en igualdad de condiciones y con el debido *respeto* a los derechos (diversidad, equidad, inclusión). Un sistema de representación de los diferentes sectores que intervienen en la vida de la escuela es una buena idea para caminar en esta compleja senda democratizadora.

"Los pocos centros de secundaria a los que podríamos considerar democráticos –o que se acercan a la idea de escuela democrática– han empezado por solventar de un *modo dialógico* sus problemas de convivencia. En la medida en que son capaces de sustentar una convivencia basada en unas normas elaboradas democráticamente, es decir, con la intervención de los alumnos y alumnas, descubren que se avanza mucho más trabajando conjuntamente que haciéndolo cada profesor en su aula o *ignorando* sistemáticamente la voz de los alumnos".

Los ingredientes específicos que se ponen en acción dentro de los proyectos de escuelas democráticas, según Feito, son: "La globalización curricular, la enseñanza basada en el diálogo, el uso de la biblioteca (fomento a la *lectura crítica*), el manejo de las nuevas tecnologías, una forma distinta de organizar el aula, la relación con el entorno y la consecución de una *convivencia* democrática".

"Es habitual trabajar por proyectos. Un proyecto es un *área de interés* en torno al cual se pueden hacer girar todos o la mayor parte de los contenidos, procedimientos y actitudes que se desean desarrollar en un ciclo, un curso o una parte de él. Además, los proyectos tienen la enorme virtud de *conectar* la docencia y las inquietudes cognitivas en todas las aulas del centro. No solo eso: es capaz de provocar la *implicación* de las familias".

Encuentro algunas semejanzas conceptuales entre esta noción y la experiencia de las escuelas democráticas en España (2009) con la propuesta de *renovación curricular* que circula ahora en México (2022-2023).

Sin embargo, en vez de seguir con una retórica tan confusa (y a veces tan vacía), como sucede con el discurso de la Nueva Escuela Mexicana (NEM), en nuestro país podríamos tal vez aterrizar iniciativas más sencillas orientadas hacia la creación y gestión de escuelas democráticas a partir de estas ideas.

Capítulo 8

CULTURA ESCOLAR Y PENSAMIENTO CRÍTICO

SEP: *Gatopardismo* educativo[*]

"El gatopardismo es la filosofía de quienes piensan que es preciso que algo cambie para que todo siga igual. El efecto Lampedusa, del que se habla a veces, consiste en hacer las cosas de modo que algo mute para que lo demás permanezca intocado en la organización social. Se refiere a reformas meramente cosméticas, ociosas o de distracción que se proponen para mantener incólumes los privilegios sociales y económicos de los manipuladores de esas reformas de epidermis" (ver: <https://www.enciclopediadelapolitica.org/gatopardismo/>).

Comparto, de entrada, esta cita sobre el gatopardismo para referirme a los cambios superficiales (y en algunos casos en franco retroceso, como lo es el caso del pésimo servicio de la Unidad del Sistema para la Carrera de las Maestras y los Maestros, USICAMM) que el gobierno federal ha generado en materia educativa durante el periodo 2018-2023.

Desde 2019, he sostenido y argumentado acerca de una serie de hechos que perfilan una crisis del reformismo educativo que abarca, en México, el periodo 2000-2019, la cual consiste principalmente en:

1) El agotamiento o desgaste del término "Reforma" debido a su pérdida de legitimidad, reconocimiento y credibilidad por parte de las comunidades escolares. En parte, como efecto de su escasa o nula participación en su diseño.

De hecho, publiqué un libro con ese título: *La crisis del reformismo educativo*, donde expongo de manera más detalladas estos argumentos. Por cierto, fue una edición que dio a conocer el sello editorial de la UPN, Unidad Querétaro (2019).

[*] Texto publicado en SDP Noticias el 25 de enero, 2023. <https://www.sdpnoticias.com/opinion/sep-gatopardismo-educativo/>.

2) La falsa creencia de que, al modificar el texto constitucional y las leyes secundarias en materia educativa, por definición, se lograría una transformación de fondo del sistema educativo en su base principal: la escuela pública.

He afirmado también que la reforma educativa de la actual gestión federal del presidente López Obrador es solo una reforma "reactiva" (se actuó, sin un proyecto educativo alternativo, ante el problema de la evaluación docente que producía efectos excluyentes), porque el cambio profundo o de raíz en las tendencias de las políticas públicas educativas no se dio (y no se ha dado como se prometió en campaña) desde la concepción de dicha reforma, entre 2018 y 2019, a lo largo de lo que va de la administración y hasta la fecha (2023). Y ya solo le queda un año y medio a este gobierno. Parece una oportunidad perdida.

Adicionalmente, hay diversas evidencias para apoyar y sostener tales afirmaciones sobre una reforma "a medias": desde los documentos normativos (reformas al texto del artículo 3.° de la Constitución Política mexicana y la redacción de enmiendas a la Ley General de Educación y demás leyes secundarias en materia educativa) hasta el planteamiento de fondo de la propuesta de transformación curricular de 2022-2023, puesto que en ambos niveles de intervención los cambios son superficiales. Visto todo ello como dos partes de un mismo proceso o de una línea principal de políticas públicas educativas de la "4T".

Me explico: la SEP primero estableció la narrativa de actualizar o cambiar los contenidos y los diseños gráficos de los libros de textos gratuitos de la educación primaria (2021), en pleno contexto de confinamiento por pandemia y, poco tiempo después, la misma dependencia reconoció que los libros (como recursos didácticos) no son entidades aisladas de los procesos educativos y escolares, sino que están estructuralmente vinculados a la necesidad de cambiar o modificar, antes, los contenidos y métodos educativos, entre otros elementos de los complejos procesos educativos (materia de discusión de toda transformación curricular).

Todo esto sin contar con una evaluación educativa general ni específica sobre las condiciones de los actores escolares y sobre cómo se encontraba la educación básica en el país, como producto del "paro" por motivos de la crisis sanitaria (2020-2021).

Así, el gobierno federal, a través de la SEP, generó una suerte de impulso de justificación del cambio curricular. Ya sea derivado de lo anterior, por mandato de ley y por iniciativa de carácter político la autoridad educativa federal inició el proceso para crear o proponer el nuevo plan y programas de estudio para la educación básica (2022).

En realidad no hubo (y no hay aún) una ruptura paradigmática tanto en el plano del diseño de la estrategia reformista general como en el diseño curricular específico, este último orientado hacia la educación básica, sino que se observa una especie de reacomodo de las piezas, es decir, una intervención cosmética (*gatopardismo*) en el plano del ejercicio de las políticas públicas educativas genéricas y particulares, puesto que las bases de la reforma educativa anterior (2012-2018) quedaron inalteradas, intactas.

Reitero lo que escribí la semana pasada: la renovación curricular no podrá llevarse a cabo si no cuenta con un impulso democratizador de la escuela pública, desde la gestión educativa y la formación docente, entre otros factores.

En pocas palabras, hay más continuismo que ruptura.

Pongo solo dos evidencias para dar fuerza a los argumentos: 1) Hay continuidad y no ruptura en los términos o conceptos con los cuales se establecen, en ley, las nociones de calidad y excelencia educativas. Ambas están colocadas sobre la base de la idea del "máximo logro de aprendizajes" (criterio cuantitativo y reduccionista de los procesos educativos). 2) El diseño de la nueva propuesta curricular (2022) es, en esencia vertical o impuesto, ya que el documento base no fue resultado de una confección consensuada donde participaran en igualdad de condiciones las autoridades educativas y las comunidades educativas (en este caso de la educación básica), sino que se llevó a cabo el mismo procedimiento del pasado: se dio a conocer (filtrado, por cierto) un marco o documento curricular base, elaborado por la alta tecnoburocracia que colabora en oficinas de la SEP, y posteriormente las maestras y los maestros lo discutirían y lo aplicarían en las escuelas.

Esto, lamentablemente, en un contexto donde las mediaciones, los matices y la comunicación institucional han sido pobres.

Por razones de espacio, no agrego más inercias del pasado tecnocrático que están presentes en el discurso educativo oficial actual, pero no debemos olvidar la inserción de nociones gerencialistas como la de "mejora continua".

Quizá la única novedad que aparece en el escenario del "reformismo curricular" es la idea del "codiseño", entendido como el momento-espacio de contextualización y concreción de los contenidos y métodos en función de las características de la comunidad educativa y social de referencia. Noción que, por cierto, se parece a la idea de "autonomía curricular" que adoptó la narrativa del nuevo Modelo Educativo impuesto durante el sexenio anterior (entre 2016 y 2017).

La dinámica de actuación verticalista sobre hechos consumados es una característica de ambos cursos de acción o estilos en la toma de decisiones de políticas públicas educativas (sexenio pasado y actual), dicho esto en el contexto de la elaboración de la propuesta curricular, así como de su operación a través de los dispositivos específicos llamados "plan y programas" de estudio.

Mientras se impongan todos estos cambios y no se llame, no se convoque, a la participación de las/los docentes desde el diseño curricular (no solo al codiseño); mientras no se dé lugar a propuestas de fondo para revalorizar el trabajo docente; y en tanto no se combata, en serio, el proceso de pauperización o precarización y de sobrecarga administrativa del trabajo de las maestras y los maestros, el *gatopardismo* seguirá su alegre camino.

El gatopardismo es una "palabra derivada del italiano Gattopardo, que es el título de la novela del escritor siciliano Giuseppe Tomasi, príncipe de Lampedusa (1896-1957), que habla de la decadencia de la nobleza siciliana en la época de la unificación italiana y relata el matrimonio del sobrino de un viejo príncipe con la hija de un comerciante plebeyo de la región. Frente al inevitable ascenso de la burguesía, el añoso noble decide promover este matrimonio con el propósito de insertar a su clase social en decadencia con sus enemigos mortales convertidos en la nueva fuerza política dominante… Desde entonces se usa la expresión *gatopardismo* para señalar la actitud de 'cambiar todo para que las cosas sigan iguales', tal como lo proclama reiteradamente el personaje de la novela, en el marco del pacto con el enemigo político tradicional" (misma referencia).

Riesgos del cambio curricular en educación básica**

El cambio curricular que anunció la SEP para la educación básica en México (2022) presenta inconsistencias, acerca de las cuales me he referido en mis colaboraciones recientes en este mismo espacio; sin embargo, también se ha colocado al filo de la navaja.

** Texto publicado en SDP Noticias, el 24 de marzo de 2023. <https://www.sdpnoticias.com/opinion/riesgos-del-cambio-curricular-en-educacion-basica/>.

Como sabemos, el diseño del cambio curricular de la educación básica en esta oportunidad ha transitado por diferentes momentos difíciles: entre tropiezos y empujones.

Primero, comenzó con una iniciativa equivocada al plantear la actualización de los libros de texto gratuitos para la educación primaria, sin antes hacer un replanteamiento de la estructura curricular y la renovación del plan y los programas de estudio. Generalmente, no se pueden poner primero los zapatos y después los calcetines.

En segundo lugar, la SEP se enfrentó a una guerra judicial en varios frentes (contienda protagonizada por sectores de la sociedad civil auspiciados por cúpulas empresariales en contra de decisiones de las autoridades educativas). Uno de esos frentes afectó al diseño del cambio curricular: el estudio piloto que estaba previsto, a efecto de probar la nueva propuesta curricular en las escuelas, aunque sea de manera parcial, ha quedado paralizado debido a un litigio legal (los particulares interpusieron un amparo indirecto que sigue en proceso).

Adicionalmente a ello, existen algunos riesgos prácticos tras la puesta en operación de la propuesta curricular en medio de todas estas objeciones u obstáculos.

Con los programas analíticos, por ejemplo, armados desde la autonomía escolar, se corren dos riesgos: 1) Los contenidos de aprendizaje podrían quedar diluidos o "descafeinados", y 2) La responsabilidad de las insuficiencias formativas en educación básica podrían recaer en los colectivos docentes y directivos.

Sobre este tema que preocupa, acerca de la responsabilidad que recaerá en los colectivos docentes, la SEP no parece manifestarse a favor ni en contra. Sin embargo, algunos colectivos docentes, a través de los Consejos Técnicos Escolares, empiezan a expresarse en contra de cargar con toda esa responsabilidad.

El caso del antiguo campo formativo de pensamiento matemático es ilustrativo. ¿Qué tanto este quedará "descafeinado" en el nuevo campo formativo "saberes y pensamiento científico" a la hora de armar los programas analíticos?

En pocas palabras, me parece que la SEP no hizo un estudio serio sobre los escenarios del cambio curricular. No se ha trabajado, desde un principio, en un proyecto educativo alternativo, transformador de la realidad educativa, sino que se han dado pasos improvisados, es decir, sin una adecuada planificación del proyecto educativo nacional y de cambio curricular, en particular.

Hay ciertos proyectos que pueden aventurarse o pueden transcurrir con una actitud audaz (sobre todo si no están implicados los procesos formativos de una parte significativa de la población), pero hay otros proyectos que tocan a millones de niñas, niños y jóvenes del país, que no pueden estar sujetos a una dinámica del tipo "corramos todos los riesgos".

En el ámbito educativo, los proyectos de gran calado (como lo es el cambio curricular) no pueden admitir ese tipo de equivocaciones e improvisaciones, y menos aún se pueden repetir fallas en el manejo de las políticas públicas sin los consensos correspondientes.

Una vez más la voz, la experiencia y el conocimiento docentes y directivos escolares se dejaron de lado.

La falta de consensos con las bases magisteriales es también uno más de los problemas que pone en riesgo el adecuado avance del cambio curricular. Y esa es responsabilidad única de las autoridades federales en turno.

SEP: El cambio curricular y la lógica de la incertidumbre[***]

Inicio esta reflexión con una certeza: la Secretaría de Educación Pública (SEP) no da respuestas a las y los ciudadanos que nos atrevemos a cuestionar o a lanzar preguntas sobre los procesos educativos en general ni sobre los cambios curriculares propuestos recientemente (2022), en particular. Ello a pesar de que la ciudadanía tiene derecho a la información, el cual se encuentra establecido en la constitución política mexicana.

No obstante lo anterior, en la narrativa oficial implícita de la dependencia responsable de la educación pública en México, prevalece la "lógica de la incertidumbre". Parece ser, entonces, que la incertidumbre no es una casualidad tanto en la actuación como en la línea o líneas discursivas del gobierno, sino una intencionalidad.

A inicios de junio pasado escribí 10 preguntas sobre el cambio curricular propuesto oficialmente para la educación básica (ver: "SEP: diez preguntas sobre el cambio curricular 2023-2024", SDP Noticias, 2 de junio, 2023), sin embargo, hasta el momento no hay respuestas puntuales sobre ellas. Todo lo contrario, ya que se han puesto en evidencia una serie de contradicciones al confrontar los hechos con las palabras.

[***] Publicado el 19 de julio, 2023. <https://www.sdpnoticias.com/opinion/sep-el-cambio-curricular-y-la-logica-de-la-incertidumbre/>.

Lo que se observa es que no solamente no hay respuestas a las preguntas concretas que las y los ciudadanos hemos hecho públicas, a través de diferentes medios, sino que lo hechos muestran que las autoridades educativas hacen lo contrario que lo que formalmente acuerdan y anuncian.

Pongo el ejemplo específico del Acuerdo SEP del 14/08/2022, donde se establece lo siguiente: "El Plan de Estudio para la educación preescolar, primaria y secundaria a que refiere el presente Acuerdo iniciará su aplicación con la generación de estudiantes que les corresponda cursar el primer grado de preescolar, el primer grado de primaria y el primer grado de secundaria en el ciclo escolar 2023-2024" (Artículo segundo transitorio).

Sin embargo, lo que sucede, en los hechos, es algo diferente porque la SEP ya imprimió y envió a las entidades federativas (julio, 2023), y por lo tanto a las escuelas del país, los libros de texto gratuitos para la educación primaria desde 1.° hasta 4.° grados de ese nivel educativo.

Por eso, surgen las siguientes nuevas preguntas: ¿la propia SEP no cumple puntualmente con sus propios acuerdos? Si se trata de crear un "clima de incertidumbre", ¿cuál es el sentido de ese tipo de actuaciones gubernamentales aparentemente contradictorias?

El problema de la incertidumbre, que poco a poco se convierte en una ola hegemónica de las culturas escolares, no se queda solo en lo que hace o deja de hacer la autoridad educativa, sino que también se extiende hacia lo que se práctica, como lenguaje y narrativa por parte de los actores o figuras educativas en las escuelas.

Las políticas de comunicación social, en todos los ámbitos de gobierno, que no proporcionan información se traducen o se convierten —automáticamente— en directrices deliberadas para crear incertidumbre en la sociedad. Este es el caso que describe la actuación de las y los funcionarios actuales de la SEP.

Faltan solo unas semanas para que comience el ciclo escolar 2023-2024 (próximo mes de agosto). Dada esa premura, algo que preocupa, adicional a lo anterior, es que la situación de incertidumbre que prevalece permea en las comunidades educativas del país. Docentes, directivos escolares, asesores técnicos, personal de apoyo a la educación y familias en general "no saben" qué va a pasar con el arranque del inminente calendario escolar.

Hay incertidumbre en los fundamentos del cambio curricular; en la estructura de los saberes y campos de formación sugeridos por las y los diseñadores de la nueva propuesta 2022; en la organización administrativa de las asignaturas (sobre todo en las comunidades de educación secundaria); en los sistemas de evaluación de los aprendizajes con un enfoque formativo; en el aterrizaje del "codiseño" y en la confección de los programas analíticos a partir de los programas sintéticos establecidos; en fin, en los insumos conceptuales y de procedimientos específicos que deben quedar al alcance de las y los docentes para alimentar las prácticas profesionales cotidianas, entre otros vacíos de información.

Todos estos rubros no representan cosas menores para avanzar ante los desafíos de la educación pública actual en México. Lamentablemente, la propia profesora Leticia Ramírez, actual titular de la SEP, no ha diseñado ni puesto en práctica una estrategia de comunicación social con la intención de ganarle terreno a la incertidumbre y para restarle poder a la desinformación.

En este contexto de incertidumbre (generado por las autoridades educativas federales y estatales), es claro que existen más ventajas que desventajas hacia la sociedad cuando se mantienen abiertos los canales de comunicación oficiales. A no ser que, en definitiva, exista una lógica gubernamental y de las altas burocracias para apostarle deliberadamente a la incertidumbre.

Aparte de cumplir con los principios o normas democráticas de la rendición de cuentas y del ejercicio de la transparencia públicas, la SEP deberá de poner más atención en las políticas de comunicación sociales y en aplicar con las palabras y en las acciones el ineludible derecho a la información.

SEP: Cambio curricular ¿sin cambiar la escuela?[****]

Uno de los problemas centrales identificados para llevar a cabo el cambio curricular de la educación básica, hoy, por parte de la autoridad educativa federal (SEP), es la transformación de la escuela pública, que es a su vez el cimiento del sistema educativo en su conjunto.

La intencionalidad de este tipo de cambios curriculares abarca, por supuesto, la necesidad de transformar las prácticas docentes y directivas de la escuela pública (es decir, no solo se trata de mudar contenidos y

[****] Texto publicado en SDP Noticias el 2 de febrero, 2023. <https://www.sdpnoticias.com/opinion/sep-cambio-curricular-sin-cambiar-la-escuela/>.

métodos en un documento), entre otros factores clave como lo son la formación inicial y continua de las figuras educativas.

Por ello, pienso que, ante ese reto institucional, que es esencial en el proceso de asegurar el derecho a la educación para niñas, niños y jóvenes en el largo plazo, la actualización de los contenidos y rediseño gráfico de los libros de texto gratuitos (como lo pretendió el gobierno federal desde 2021) ha quedado reducida solo como una tarea menor o de apoyo.

Cuando se dio a conocer la propuesta o el proyecto de cambio curricular para la educación básica (SEP, enero-febrero de 2022), se esperaba que el lanzamiento de la iniciativa transformadora llevara consigo un paquete de cambios radicales, orientados justamente hacia la modificación de la base o estructura y funcionamiento del sistema escolar; sin embargo, esto no ha sido así. No por el momento. Y no se ven claras las intenciones ni los recursos financieros, jurídicos y educativos para hacerlo así.

¿O no habrá cambios de las prácticas autoritarias, cerradas o sin diálogo que ejerce una parte importante de los mandos medios y superiores de la estructura educativa? ¿No se transformará la cultura escolar donde dominan los criterios administrativos por encima de los criterios educativos y pedagógicos?

Al revisar nuevamente el documento *in extenso* de la propuesta curricular (SEP, Anexo del Acuerdo del 22/08/22), se observa una sección que bien podría valer como el encuadre y desarrollo de la intencionalidad del cambio educativo-escolar no solamente curricular, es decir, de la transformación efectiva de la institución escolar básica (preescolar, primaria y secundaria), pública, en su ser y no solo en su deber ser.

Me refiero a la sección denominada *Transformación administrativa y de gestión* (Anexo, p. 7). En esa parte, la autoridad educativa federal señala lo siguiente: "La viabilidad operativa de la propuesta curricular, la formación docente, el codiseño curricular y la operación de las estrategias nacionales y su articulación con los procesos formativos de la educación preescolar, primaria y secundaria tiene un peso significativo en las transformaciones que se hagan durante los procesos de gestión y administración a nivel federal y local."

"Se trata de fortalecer la capacidad de las instituciones educativas del Estado para construir un proyecto educativo en cada escuela, involucrando a cada Consejo Técnico Escolar, con el fin de que servidores públicos, directores, supervisores y asesores técnicos pedagógicos realicen sus tareas pensando en las condiciones de desigualdad y los contextos diferenciados de nuestro país; todo ello para que el Estado pueda hacer efectivo el derecho humano a la educación de las y los estudiantes de educación preescolar, primaria y secundaria".

"Esto implica realizar las adecuaciones administrativas, normativas y de gestión que favorezcan y apoyen el trabajo docente de las maestras y los maestros del país con el fin de que sus actividades, tiempos y espacios puedan ser ocupados en actividades de enseñanza, formación docente, trabajo colegiado, planeación y evaluación" (pp. 7-8).

El Anexo dedica solo una cuartilla a este punto clave sobre la cuestión de la *Transformación administrativa y de gestión* (de un total de 214 páginas), esto como parte de un discurso oficial en el cual la intencionalidad de cambio curricular está en primer plano.

¿Por qué no se vislumbra un futuro luminoso al proyecto de cambio curricular en estas condiciones? Porque, entre otras cosas, la iniciativa surgió como un mandato constitucional y como efecto de una iniciativa política de corto plazo. Y esto no lo señalo como un mal intrínseco de las propuestas o los proyectos curriculares, de aquí o de cualquier parte del mundo. No porque reconozco que es difícil encontrar proyectos de cambio curricular sin un sesgo, implícito o explícito, con cargas políticas e ideológicas.

Aquí el tema de debate es otro y es más bien el siguiente: dado el reconocimiento de la existencia de una posición política, ideológica (y quizá hasta teórico-metodológica), de un gobierno democráticamente electo, con la cual se presume que habría de caminar el proyecto transformador, no existen los dispositivos organizacionales, administrativos ni de gestión educativa que acompañen o armonicen o vayan en congruencia con el impulso del cambio curricular.

En pocas palabras: hay un robusto proyecto de cambio curricular, pero un flaco impulso de transformación de la escuela como institución.

Las justificaciones del cambio curricular en la educación básica están plenamente documentadas, pero el problema o la necesidad de ese cambio (selección y organización de contenidos y métodos de enseñanza y aprendizaje, entre otros factores), no residen solamente en ese nivel de análisis técnico-científico curricular, sino que también sugieren la necesidad del cambio estructural de la escuela como institución del Estado.

La escuela como institución del Estado con sus dos caras más visibles y contradictorias: la faceta autoritaria, reproductora y conservadora que, a la vez, convive con la otra cara como institución transformadora y democratizadora de la sociedad.

En ese contexto y con esas condiciones se encuentra la encrucijada del *reformismo curricular* puesto en marcha actualmente en México por parte del gobierno del presidente López Obrador.

"Escolarización", inmovilidad educativa y prioridades sociales[*****]

En colaboraciones anteriores[1] he insistido en la necesidad de distinguir dos conceptos importantes en el campo educativo: el currículo escolar explícito (académico, formal) y el currículo escolar implícito ("social", informal u "oculto"); esto con la finalidad de que los actores de las comunidades escolares (sobre todo docentes y directivos) identifiquen los dos diferentes tipos de aprendizajes que se tejen e integran en ese espacio social, la escuela, a raíz de esos dos ámbitos; como si se tratara de dos caras curriculares de la misma moneda.

Algunos autores (como B. Bernstein, J. Eggleston, o H. Giroux, entre otros y otras), a finales de los años 70 e inicios de los 80 del siglo pasado, describieron al fenómeno que consiste en reproducir el aprendizaje de códigos escolares y lenguajes idiosincráticos, usados en las aulas para fines de control o de legitimación del conocimiento, tanto por parte de las y los docentes como de las y los estudiantes, y como producto del currículo escolar implícito. A ese fenómeno se le llamó también y ocasionalmente: "escolarización", para distinguirlo del concepto amplio y robusto de la "educación". De esa manera, dice cierta teoría sociológica, la mayoría de los y las niñas, niños y jóvenes acceden a la "escolarización", pero solo una minoría logra ejercer el derecho pleno a la "educación". Todo esto dicho o planteado de manera esquemática y más allá de los modelos o enfoques modernos o posmodernos de la "calidad" o la "excelencia" educativas.

La "escolarización" vendría a ser, en otras palabras, eso "que la escuela genera en la gente", todo ello en un contexto de construcción social de una cultura escolar: Hábitos, rutinas, lenguajes de identidad social o unicidad, valores y actitudes sociales genéricos, procedimientos para equilibrar o no la socialización, reconocimiento de líderes y se-

[*****] Texto publicado en SDP Noticias, el 15 de julio de 2020. <https://www.sdpnoticias.com/columnas/escolarizacion-inmovilidad-educativa-y-prioridades-sociales.html>.

[1] Aprendizajes curriculares explícitos y "ocultos" (SDP Noticias, 23 de octubre de 2019) y Cambio Educativo: Algunas ideas para reflexionar (SDP Noticias, 31 de mayo de 2019).

guidores, etc., pero ello no necesariamente se traduce en aprendizajes consolidados del currículo "académico" o formal.

Cuántos casos conocemos de estudiantes que se mueven como peces en el agua dentro de la cultura de la "escolarización" y que, sin embargo, tienen dificultades para aprender los códigos lingüísticos, los contextos y los contenidos científico-técnicos, por ejemplo, de las Matemáticas, de la Química o de la Biología.

Pienso, con esta breve reflexión, en los escenarios de futuro que viviremos las comunidades escolares después de la etapa crítica de la pandemia del COVID-19. Si en cada una de las escuelas, los propios actores educativos hicieran un ejercicio de autocrítica o de autoanálisis, acerca de los patrones que se reproducen o se ponen en movimiento y en contradicción dentro del aula y más allá de ella, como parte de sus culturas escolares idiosincráticas o diversas, singulares, se obtendrían hallazgos interesantes que darían pie a una lista de alternativas o ideas para la acción, y para superar abismos o brechas educativos. Quizá ello generaría, así mismo, cambios significativos para sustituir las prácticas educativas caducas o ajenas a las necesidades tanto de las y los docentes como de las y los estudiantes en sus comunidades educativas específicas.

Pienso también en la falta de interés de las autoridades educativas federales y estatales para proponer una agenda de formación continua donde se aborden estos temas autoanalíticos o para proponer que esto se revise en la arena pública. Lamentablemente, tengo la impresión de que los puntos a abordar, en el futuro inmediato, en los Consejos Técnicos Escolares (CTE) de la educación básica, o en las reuniones colegiadas en el ámbito de la educación media superior y superior, traen implícito un llamado a la "inmovilidad educativa". No existe ningún interés por parte de los funcionarios públicos responsables de la educación en activar esta discusión pertinente y oportuna acerca de las formas, los contextos y los fondos de las prácticas escolares.

Considero que las innovaciones o búsqueda de alternativas educativas tendrían que pasar, primero, por la crítica a los esquemas autoritarios que prevalecen, que cambian de manera gradual o que trascienden discretamente, esto al interior sobre todo de la escuela pública; ello sin descartar la idea de voltear una vez más hacia el concepto de la educación libertaria o liberadora (Paulo Freire), promotora de la autogestión, del sentido de responsabilidad social, de la fraternidad y la solidaridad entre los miembros de la comunidad educativa; una educación como espacio social y cultural que establezca, así mismo, los equilibrios necesarios en sus relaciones con el entorno natural y social.

Esto, sobre todo, en el contexto actual de la pandemia en curso. Pero también, en segundo lugar, la dinámica del cambio educativo no solamente se puede quedar en la extensión o en los límites, es decir, que no solo sea ejercida (dicha dinámica) por los actores educativos principales, institucionales (docentes y directivos), sino que también abarca a los estudiantes y a los familiares de estos, puesto que sus propias dinámicas están orientadas, con frecuencia, hacia el "no cambio" o hacia la conservación del "estado de cosas". Y en ello también está concentrada la inmovilidad educativa.

Por último, considero que, dentro de los escenarios de futuro a observar durante los siguientes ciclos escolares (a partir de este periodo final de 2020), hay dos retos que enfrentaremos las comunidades educativas: 1) Generar, desde las escuelas, una agenda de estudio, análisis y propuestas para comprender y superar la separación crítica (que lesiona el derecho pleno a la educación) entre los aprendizajes prescritos en el currículo formal ("académico") y aquellos que están vinculados con el currículo "oculto" o informal; y 2) Revisar hasta qué punto es factible, o no, establecer que la prioridad central de la escuela sea, de ahora en adelante, atender la emergencia sanitaria, y dejar en segundo y tercer planos los contenidos y los procedimientos tanto del currículum implícito ("social") como del currículum explícito (formal, "académico").

Iniciar el siguiente ciclo escolar con este tipo de reflexiones colegiadas y colectivas, desde abajo, podría ser un interesante recomienzo.

Educación y pensamiento crítico[******]

> Gran parte de las 'habilidades generales' que queremos desarrollar en la escuela, como la resolución de problemas, el pensamiento crítico o la creatividad se apoyan en una base de conocimientos significativos.
>
> Carles Monereo

La semana pasada afirmé lo siguiente, en una red social digital: "Ojo con esto: el pensamiento crítico (PC) no es una competencia, en

[******] Texto publicado en SDP Noticias el 30 de junio, 2022. <https://www.sdpnoticias.com/opinion/educacion-y-pensamiento-critico/>.

términos educativos...". La idea generó interés, intercambio de ideas y debate (contrastación) en la red.

Esto surgió porque en algún extraviado programa sectorial de educación (Querétaro), se confunde el pensamiento crítico como competencia (básica, transversal o "llave"), para que las/los estudiantes "sean competitivos en un mundo global" (noción instrumentalista, pragmática o simplificada del conocimiento) (Ver: Gob. de Querétaro. Secretaría de Educación. Programa Sectorial de Educación. Querétaro. 2021-2027).

Por ello, en esta oportunidad comparto las ideas y argumentos principales expuestos por colegas en la red virtual, porque percibí en sus comentarios un ejercicio nutrido de pensamiento crítico sin simplificaciones, justo sobre la noción de "pensamiento crítico en la educación". También abordo, al final, los ámbitos, contextos y niveles del pensamiento crítico en su relación con la educación y la escuela.

Ante la afirmación que hice sobre el pensamiento crítico (PC), Irma Villalpando señaló: "Por supuesto que no. Aprovecho para decir que tampoco es la búsqueda de la emancipación. Mi punto es que el marco curricular nuevo reduce el pensamiento crítico a la concientización de la opresión y la conquista de la emancipación (tipo Freire) y con ello cae en una contradicción porque el PC es el cuestionamiento permanente de los discursos". En complemento y respuesta a Villalpando, Laura Frade señaló: "Efectivamente!!! Es pensamiento crítico desde la teoría crítica de Adorno y Horkheimer y su correspondiente pedagogía liberadora de Freire, finalmente toda la realidad se observa e interpreta desde ahí, sí es una postura reduccionista finalmente".

Frade comentó también lo siguiente acerca de si el PC es o no una competencia (educativa): "Sí y no. El pensamiento crítico es una capacidad humana que cuenta con muchas competencias, entre ellas: 'Toma posturas a partir de fundamentos filosóficos, científicos y éticos', entre otras. Esto implica identificar cuáles procesos generan emancipación y cuáles no".

Lev Velázquez, en contraste, afirmó: "Reduccionismo es el pensamiento crítico concebido como una habilidad acorde al capitalismo del siglo XXI. Así lo redujeron las agendas educativas empresariales. La crítica es formación y acción frente a un sistema de múltiples opresiones. Salgamos de la narrativa empresarial. Pensamiento crítico como habilidad y capacidad de resoluciones de problemas, es lo que la reforma de Aurelio Nuño colocó en el currículo para contrarrestar toda una narrativa pedagógica que no oculta una posición política frente al mundo. ¿Ahora seremos defensores de ese pasado?".

Villalpando: "De acuerdo en que PC no es una habilidad. Tampoco creo que 'la crítica' siempre sea un acto de resistencia a los atravesamientos de poder. Eso es un tipo de pensamiento crítico (de raigambre marxista), pero hay otros más y no empresariales, por ejemplo, la postura de M. Foucault".

Velázquez: "Sí, como cuestionamiento constante a las narrativas. Sólo que, esos pensamientos críticos, no proponen. Lo mismo el pensamiento crítico de Lipovestky, Bauman o Byung-chul, sin alternativa, solo deconstruyen. No desde Marx, desde Simón Rodríguez y el pensamiento muestrearicano."

Interesante debate en pocos caracteres. Frade: "Pensamiento crítico es ampliar la perspectiva, una postura que no se reduce a la teoría crítica, ni tampoco a observar solo las ausencias, omisiones o cegueras de algo, es precisamente tomar posturas con fundamentos varios. La disyunción (del tipo) una cosa o la otra no es pensar críticamente".

Velázquez: "Desde los que hacemos educaciones populares, pensar críticamente es evidenciar la raíz de las desigualdades y las opresiones, actuar y transformar. Ampliar el criterio, informarse más y emitir opiniones, no sirve de mucho, es una postura cómoda".

Frade: "Discrepo, observar solo un lado de la moneda, reduce la complejidad de la realidad, no se ve la totalidad, sino una parte de ella; la epistemología de la ceguera se encuentra en ambos lados del abismo".

Velázquez: "Antes que la complejidad, la dialéctica reconoció la relación del todo y las partes; pero, la dialéctica crítica no asume una postura epistemológica ciega, sorda, muda y parapléjica, frente a los problemas del mundo y la humanidad. Se está por la vida o no, con los oprimidos o no".

Catalina Inclán escribió: "Pensamiento crítico es (parte de las) competencias en la reforma (curricular) española. Nada más digo...".

Carlos R. Acosta contribuyó así a este debate: "La intención plasmada en el documento en cuestión (Nuevo Modelo Educativo, 2017), es la de reducir el filo crítico del pensamiento, y con ello su carga de reflexión ética y política, a una cuestión eficientista y de carácter cientificista, en donde el conocimiento y el análisis de la realidad son abordados desde una pretendida neutralidad con objetivos utilitaristas. Pero también en donde se hace un llamado a fomentar la ideología de mercado entre los estudiantes con el llamado 'espíritu emprendedor' y una serie de características de corte productivista, como pretexto de responder a los desafíos del presente" (Fragmento de un comentario publicado en *Educación Futura*, 12 de agosto, 2018).

Así continúa su análisis Acosta: Esta es "... la definición que da el documento sobre pensamiento crítico como 'la conjugación de distintas formas de pensamiento, como el analítico, el complejo o el creativo para llevar a cabo una valoración holística de un problema en por lo menos dos sentidos: la comprensión del problema en sus componentes, así como las relaciones con el contexto que le dan lugar y le permiten o impiden sostener su funcionamiento'. De esta manera, 'valorar' un problema, comprender sus componentes y cómo se relaciona con el contexto ¡funcionalmente!, es pensar críticamente".

La necesidad de matizar: ámbitos, contextos y niveles del pensamiento crítico

Otra de las áreas de interés, con un criterio más específico, es la idea de profundizar en "la formación de pensamiento crítico en dominios específicos del conocimiento"... con alusión concreta a la didáctica de las ciencias naturales y sociales. (Ver: Tamayo y colaboradores, 2015. "El pensamiento crítico en la educación". *Rev. Latinoam. de Estudios Educ.*, núm. 2). Especialmente en educación media superior y superior, las/los estudiantes acceden a sistemas teóricos y metodológicos más complejos, donde lo deseable (no necesariamente lo posible), es que desarrollen niveles de PC en los cuales alcancen el dominio, comprensión y reconstrucción de conceptos, procesos y contextos histórico-sociales sobre los diferentes ámbitos de la vida pública (economía, educación, ciencias, tecnologías, ecología, historia, cultura, política, etc.).

El pensamiento crítico no es igual en educación preescolar que en media superior o superior; no es lo mismo abordarlo en ciencias sociales que en naturales o en el campo del pensamiento matemático. Ni en contextos diversos de teoría-metodología-práctica. Los horizontes y profundidades en este tipo de pensamiento son diversos, puesto que van desde la filosofía crítica, la hermenéutica, los robustos planteamientos de las ideologías políticas hasta el diseño, resolución y evaluación de problemas.

Desde nuestra perspectiva, saber argumentar; saber formular, resolver y evaluar problemas (teóricos o prácticos, con perspectiva social); y saber identificar rasgos de la metacognición, son elementos claves del pensamiento crítico.

¿Qué es el pensamiento crítico?

El pensamiento crítico, en efecto, no es una habilidad ni una competencia en sí, sino un modo de ejercer la acción reflexiva, argumentativa, analítica, a partir de la observación analítica de la realidad; en ese paquete y en ese proceso están implicados, desde diferentes perspectivas didácticas, métodos de argumentación, contrastación y reconstrucción de tesis y discursos. Por eso, me gusta más el término 'observación crítica', donde el conocimiento sobre los hechos no está dado, sino que es un campo en proceso de construcción-reconstrucción, en movimiento, es decir, en una dinámica de problematización.

Por otra parte, uno de los componentes del pensamiento crítico que se reconoce hoy como determinante incorpora la dimensión del lenguaje y, de manera particular, la argumentación y el orden cuestionador del discurso (Tamayo y colaboradores, obra citada).

Van Dijk (1989) sostiene, por ejemplo, que la estructura del texto argumentativo puede ser descompuesta más allá de la hipótesis (premisas) y la conclusión, e incluye la justificación, las especificaciones de tiempo y lugar, y las circunstancias en las que se produce la argumentación. Para él, lo que define un texto argumentativo es la finalidad que este tiene de convencer. El autor caracteriza en un texto argumentativo tres niveles de organización: la superestructura, la macroestructura y la microestructura. El estudio de los diferentes niveles de la estructura del texto argumentativo puede favorecer, en las clases de ciencias, la apropiación de las características del lenguaje científico.

"Uno de los propósitos centrales de la enseñanza de las ciencias es la formación de pensamiento crítico en los estudiantes, propósito que desborda con creces intereses instrumentalistas y cientificistas de la educación. La pedagogía y la didáctica tienen como uno de sus propósitos centrales la consolidación de relaciones sociales a través del pensamiento crítico, deliberativo, creativo e independiente, a través de la relación dialógica y en busca siempre de la generación de procesos liberadores..." de la humanidad (Tamayo, 2015).

Tamayo y cols. (2015), en resumen, señalan que el pensamiento crítico en la educación incluye: formación en los procesos de argumentación, solución de problemas y metacognición. Nosotros proponemos (Miranda y Ramírez, 2022), además de la resolución de problemas, formulación y evaluación de problemas por parte del estudiante.

En nuestro libro "Educación y pensamiento matemático infantil", la maestra Minerva Ramírez Meza y quien escribe, proponemos la siguiente idea: "Las niñas y los niños, así como las/los jóvenes, desde la educación preescolar hasta la educación superior, aprenden no solo a resolver problemas del ámbito del pensamiento matemático, sino que también tienen la capacidad de formularlos, transformarlos, analizarlos (con argumentos), explicarlos y evaluarlos. A todo ese conjunto le llamamos educación y pensamiento crítico".

Consideraciones generales y conclusiones

La discusión teórica y metodológica sobre la transformación curricular debe ser clara

Cambiar el plan y los programas de estudio de la educación básica (preescolar, primaria y secundaria), es una tarea necesaria en cualquier país del mundo, pero es a la vez una labor ardua y compleja porque en él se ven involucrados muchos factores, procesos, recursos y actores sociales.

La ocasión más reciente que en México se realizó un proyecto de este calibre fue en 2016-2017 cuando la Secretaría de Educación Pública (SEP) dio a conocer el nuevo Modelo Educativo, pieza clave o central de las políticas públicas de esos años en el contexto de la reforma educativa del gobierno de Enrique Peña Nieto (2012-2018).

Si tomamos en cuenta la anterior iniciativa de transformación curricular (con respecto a la ya mencionada), que fue diseñada y operada por la SEP para el subsistema de educación básica, (me refiero a la de 2011, denominada *Articulación de la Educación Básica*, concebida y realizada durante el gobierno de Felipe Calderón), podríamos llegar a la conclusión de que un cambio de estas dimensiones educativas es inducido por la institución gubernamental federal cada 5-6 años aproximadamente.

Hoy y desde hace un año, es decir, a inicios del 2022, la SEP del gobierno del presidente López Obrador ha puesto en marcha una propuesta de renovación curricular para la educación básica. Aunque vale precisar que desde 2021 este gobierno ha mostrado más preocupación por cambiar los contenidos y diseños gráficos de los libros de texto gratuitos (que solo son auxiliares didácticos) que el plan y los programas de estudio.

¿Cuáles son los elementos y recursos que se requieren para llevar a cabo de manera efectiva un proyecto transformador de esta naturaleza? Al menos hay que considerar los siguientes seis elementos o recursos para arribar a un buen puerto en el cambio curricular, que en el mediano y largo plazos podría impactar favorablemente en la formación integral de las/los niñas, niños y jóvenes:

1. De acuerdo con los comentarios críticos hechos por docentes y observadores externos, relacionados con el taller formativo *express* efectuado la semana pasada sobre el plan y programas de estudio para la educación básica, dirigido a docentes y directivos escolares (2-6 de enero, 2023), entre otras figuras, se observa no comunicabilidad e incapacidades técnicas para operar la transformación curricular.

Por lo tanto, se necesitan lenguajes o comunicaciones claras y menos enredos que generen confusión en el proceso de cambio curricular para las figuras profesionales que trabajan en la educación básica. La discusión teórica y metodológica, por otra parte, debe ser clara, inteligible.

A propósito de lo anterior: ¿cómo llamarle a eso que se ha identificado como un fenómeno inherente a las fallas de comunicación y de carencias técnicas en la coyuntura del cambio curricular? ¿*Dispragmatismo* curricular? ¿*Indisposición operativa* del currículo escolar? ¿O simplemente "divorcio entre la teoría y la práctica curricular"?

2. Respecto a la comprensión de los documentos dados a conocer por la SEP, y tal como ya lo señaló atinadamente nuestro estimado amigo y colega Abelardo Carro, a dichos documentos oficiales de la transformación curricular les hace falta un glosario de términos. Y si nos ponemos más ambiciosos, sugiero que se diseñe y opere un diplomado sobre la nueva propuesta de cambio curricular para la educación básica 2022, de 120 horas mínimo, para docentes, directivos escolares y asesores técnicos pedagógicos, que son las figuras educativas claves para llevar a cabo la anhelada transformación curricular.

3. Hay que recordar y reconocer que las principales motivaciones del cambio curricular están dadas por los cambios sociales, económicos, científicos, tecnológicos, políticos y culturales. La escuela no se puede quedar rezagada frente a esas transformaciones, que además son permanentes y en ciertos casos vertiginosas.

4. ¿Cuál será el papel de l@s Asesor@s Técnic@s Pedagógic@s (ATP) en la tarea de comunicar y dar claridad operativa al aparato teó-

rico y metodológico de la transformación curricular para la educación básica? ¿Serán l@s traductor@s del lenguaje barroco de la propuesta curricular? Su trabajo es esencial, sobre todo si vinculamos las necesidades sociales asociadas al cambio curricular con las características o perfiles profesionales y experiencia que poseen estas importantes figuras.

Me detengo por un momento en este punto, para comentar que la nueva propuesta curricular enfrentará un problema serio: En los concursos para obtener o desarrollar la función como ATP de educación básica los perfiles están diseñados sobre la base de los campos de formación anteriormente constituidos, es decir, lenguaje y comunicación, y pensamiento matemático, principalmente.

Dado que los nuevos plan y programa de estudio proponen la fusión del campo "pensamiento matemático" con algo que se llama o denomina campo de formación "Saberes y Pensamiento Científico", existe la duda acerca de cómo se va a lograr la adaptación o reconversión de estas figuras en razón de su ámbito de trabajo y de los cambios curriculares anunciados.

En fin, parece que la dudosa determinación acerca de cómo y por qué se concretó la mencionada fusión es más bien una decisión de escritorio que de consenso con las maestras y los maestros de educación básica.

5. Junto con lo anterior, será conveniente cambiar las orientaciones y los contenidos de la preparación profesional de las/los docentes de educación básica, en proceso y para el futuro. Es claro que se viene una labor fuerte para l@s rediseñador@s de planes y programas de estudio de las escuelas normales, Centros de Actualización del Magisterio (CAM) y de la Universidad Pedagógica Nacional (UPN). Instituciones a las que, por cierto, les hace falta poner en práctica dispositivos de actualización curricular en forma más frecuente y expedita, puesto que el sistema educativo demanda incorporar con claridad el aparato teórico y metodológico de la transformación curricular para la educación básica, y formar cuadros técnicos para su operación.

6. Por último, un punto que no deberá perderse de vista es la reflexión sobre el modelo de diseño curricular armado desde las alturas, es decir, desde la alta burocracia, hecho que opaca la mirada del trabajo cotidiano, los conocimientos y la experiencia del magisterio. Será deseable que en futuros ejercicios, el planteamiento general del currículo escolar se haga, de manera consensuada, desde la formulación del docu-

mento marco-base y no se entregue al final como un hecho consumado.

De nada sirve el "co-diseño" cuando solo se deja a las/los docentes realizar las acciones operativas o ejecutivas.

Las tareas del cambio de plan y programas de estudio no son sencillas, demandan de la imaginación, el conocimiento y la experiencia de los especialistas en los procesos de enseñanza y aprendizaje, así como de las/los estudiosos de la transformación curricular, pero sobre todo requieren de la voluntad política para generar condiciones adecuadas de trabajo a efecto de que este tipo de macroprocesos se concrete de forma coordinada y consensuada.

Para ello se necesita algo más que la revalorización retórica del trabajo docente y de la gestión educativa y escolar.

P.D.: ¿Qué nos puede decir la SEP sobre el proceso jurídico que siguen las demandas contra la prueba piloto del plan y programas de estudio (2022) para la educación básica?

Escenarios reformistas en educación

A propósito del texto que Manuel Gil Antón nos obsequió en un texto reciente[2], acerca de la necesidad de emprender una amplia discusión sobre la(s) "Reforma(s) Educativa(s)" en México, en esta ocasión abordo el tema de los escenarios reformistas que se podrían visualizar en ese ámbito, con especial énfasis en los "qués", los "porqués" y los "cómos".

¿Por qué hablar una vez más de reformas educativas en nuestro país? ¿Acaso ese término y ese tipo de procesos sociales no habían caído en franca decadencia o en declarada crisis? La tesis sobre *la crisis del reformismo educativo en México*, que he planteado desde hace más de tres años, propone que, diseñadas desde las élites, las dos últimas reformas educativas (correspondientes a los sexenios 2012-2018 y 2018-2024), entre otras cosas, han perdido legitimidad, representatividad y credibilidad entre las maestras y los maestros.

Además y en especial, la necesidad del cambio "radical" de la educación pública, que prometió el presidente López Obrador durante su

[2] "SEP, 2023: Cambiar planes y programas de estudio", publicado en SDP Noticias el 12 de enero, 2023. <https://www.sdpnoticias.com/opinion/sep-2023-cambiar-planes-y-programas-de-estudio/>.

campaña electoral, ha quedado a deber; por lo tanto, ha quedado como uno de los grandes pendientes del actual régimen.

Así, un primer escenario de cambios sería esperar a que el próximo gobierno federal (2024-2030) recicle la actual reforma sexenal reactiva y centralizada (2018-2024), que de por sí tiene elementos de continuismo con respecto a la reforma educativa ensayada durante el sexenio anterior ("Pacto por México", 2012-2018).

Un segundo escenario consistiría en llevar a cabo, desde este año, foros y debates acerca del proyecto educativo que el país requiere ante las nuevas realidades locales, nacionales y mundiales. Por su puesto, dichos encuentros tendrían en el centro de la agenda diversos análisis e interpretaciones sobre las crisis económica y de salud pública (esta última causada por la pandemia de COVID), que enfrentamos, y sus relaciones múltiples y complejas con el sistema educativo.

Así lo expresó Manuel Gil Antón en el texto referido: "Frente a esta realidad hay dos caminos: uno, el clásico: aguardar a la siguiente administración para ver si, entonces sí, atina a desarrollar procesos de cambio en las condiciones del sistema educativo. Otro, innovador, es ponernos de acuerdo y abrir espacios, durante lo que resta de la gestión actual (sin necesidad que nos lo permita o solicite) para compartir, dialogar y debatir en torno a las condiciones de posibilidad de una(s) reforma(s) educativa(s) de largo plazo".

En cualquiera de ambos escenarios, una lección aprendida, tanto a nivel local como internacional, es que las reformas educativas y curriculares tienden a fracasar si no toman en cuenta, de manera sustantiva, el conocimiento y la experiencia de las figuras educativas principales: docentes, directivos escolares y asesores técnicos. Así mismo, dicta la experiencia más reciente, es esencial escuchar la voz y las propuestas de las/los estudiantes y sus familias, junto con la participación de otros sectores sociales directa e indirectamente involucrados en estos procesos reformistas, sobre todo por el hecho de que es necesario tomar el pulso a las demandas sociales.

Se ha demostrado, con hechos y evidencia empírica, que las reformas educativas elitistas y el cambio curricular hiperespecializado, es decir, las modificaciones diseñadas "desde arriba" (sin considerar a docentes, sobre todo), no son más duraderas ni producen resultados educativos significativos, en términos de los aprendizajes escolares, el desarrollo de la gestión educativa y en la formación integral de las y los ciudadanos. ¿Por qué seguir entonces por ese mismo camino?

Dos modelos reformistas opuestos

Si seguimos una metáfora o una analogía relacionada con las prácticas de la medicina, encuentro en el centro de la discusión dos modelos u opciones: una, que consiste en la idea de poner en práctica una cirugía mayor sexenal (una reforma educativa impulsada por el/la presidente de la República, con apoyo, operación y gestión política de parte del sindicato nacional y de la mayoría de las/los integrantes del poder legislativo); y otra, diferente, implicaría poner en práctica cientos o miles de microcirugías de precisión, transexenales, creadas y promovidas por la sociedad, y desarrolladas específicamente por las comunidades educativas.

La idea de impulsar cambios de corto, mediano y largo plazos en planes y programas de estudio (junto con sus métodos y enfoques), por ejemplo; o la iniciativa de realizar transformaciones en los contenidos y formatos de los libros de texto escolares, es factible y deseable, siempre y cuando estos cambios estén vinculados orgánicamente con las transformaciones científicas, artísticas, tecnológicas y humanísticas nacionales y mundiales, así como con las recomendaciones producidas en el ámbito de la cultura y la investigación pedagógica-didáctica y educativa, en un ambiente de amplios consensos.

Para ello, habrá que definir, dentro del modelo elegido, si primero se van a promover las modificaciones al contenido del texto constitucional (artículo 3), y luego se rediseñaría el proyecto educativo correspondiente. Ruta que ya fue recorrida de manera fallida en el pasado. O ensayamos, como nación, un modelo y procedimiento distinto: primero, fijar las bases y los consensos sociales en torno al proyecto educativo nacional, y después definir las modificaciones constitucionales y legales, en función del nuevo proyecto educativo.

Insistiré en una idea que he planteado en comentarios anteriores[3]: México requiere de un proyecto educativo consensuado (centrado en el derecho pleno a la educación para niñas, niños, jóvenes y adultos, con "calidad" y equidad), que es una finalidad que podría plantearse como "acuerdo básico" de la sociedad mexicana. Ello sin pasar por alto un hecho que está pendiente: generar una amplia discusión sobre términos como "calidad", "excelencia", "evaluación educativa", "mejora continua", "equidad educativa", etcétera.

---

[3] "Los caminos de las Reformas Educativas", publicado en SDP Noticias, el 11 de enero de 2022. <https://www.sdpnoticias.com/opinion/los-caminos-de-las-reformas-educativas/>.

Para desarrollar y establecer el proyecto tendría que organizarse una especie de congreso educativo nacional permanente (donde se discutan los "qué", los "para qué" y los "cómos"), a través de una agenda y consultas permanentes con l@s maestras y maestros, directivos escolares, asesores técnicos, estudiantes y sus familias, especialistas en educación, representaciones sindicales (de todos los signos) y sociedad en general interesada en impulsar y comprometerse con estos cambios educativos de mediano y largo plazos, pero "desde abajo" y en forma horizontal, no vertical; no autoritaria ni impositiva.

La Comisión Nacional para la Mejora Continua de la Educación (MejorEdu) podría ser la institución organizadora de estos encuentros.

Sugiero, mientras tanto, algunas preguntas para poner a consideración de los eventuales organizadores de los foros: ¿qué tipo de modelo de reforma educativa conviene al país? ¿En qué términos hablaríamos de reforma educativa: como dispositivo legal y normativo (de arriba hacia abajo); o como programa de cambios permanentes a concretar en la base del sistema educativo: la escuela (de abajo hacia arriba)?

¿Cuál será el papel que jugarán en este proceso de transformación "radical", los sindicatos magisteriales? ¿Cuál será el rol y las atribuciones de los congresos estatales en la discusión y operación de los sistemas educativos locales? ¿Cómo se rediseñará la actuación y las responsabilidades de los gobiernos estatales y municipales en la nueva ola de transformaciones educativas?

¿Cómo enfrentaremos las dificultades del rezago educativo (personas mayores de 15 años que no han iniciado o concluido la educación básica); así como los indicadores adversos en términos de logro académico en educación básica y media superior? ¿Cómo afrontaremos los problemas de desafiliación escolar (agudizada por efecto de la pandemia) o la falta de cobertura en algunos niveles educativos? ¿Cuáles serían los criterios y los términos de la nueva revalorización o revaloración del magisterio? Entre otras cuestiones.

Estas son algunas de las preguntas que propongo con la idea de contribuir al debate y la reflexión informados en torno a la necesidad de caminar hacia una reforma profunda, radical, desde abajo, del sistema educativo mexicano. Hacia una transformación, no una simulación, de los cimientos de la educación pública en México.

Reformas educativa y curricular: lento avance

Unos días después del 15 de mayo de este año (día de la maestra y del maestro), Julio Hernández López, "Astillero", me entrevistó en su programa de noticias que transmite a través de redes sociales digitales. Al final de la conversación, que versó sobre mis percepciones acerca de los aumentos salariales al magisterio, me preguntó: "¿Se ha avanzado, se estancó o solo ha habido *menos ruido* y *menos problema*, pero en el fondo se ha podido avanzar en una auténtica reforma educativa?".

Después de dar contexto y precisar algunas ideas sobre la *coyuntura* en la cual se aprobaron las modificaciones al artículo tercero constitucional (del derecho a la educación) en 2018-2019, mi respuesta fue inmediata y directa: "Veo muy pocos avances".

Con la finalidad de *ampliar* la respuesta que le di a Julio en esa ocasión, a continuación expongo algunas reflexiones sobre el tema de la "reforma educativa" y las líneas generales de políticas educativas realizadas por la actual administración federal.

Este sábado 1 de julio se cumplirán cinco años de la *jornada constitucional* en que se registró el triunfo electoral, y de manera pacífica, de Andrés Manuel López Obrador al contender por la presidencia de la República. Los *cambios* y las *transformaciones* anunciadas en materia educativa, es decir, las promesas cumplidas o no, habrán de integrarse al paquete de *escrutinios* y *evaluaciones* ciudadanas sobre el trabajo realizado por el gobierno federal encabezado por AMLO, en particular, en todo lo relacionado con la educación pública.

En el plano de las políticas públicas educativas del gobierno de la "4T" me parece que el discurso de la "reforma educativa" no arraigó en la sociedad ni en las comunidades educativas, porque se trató solo de un asunto de "retiro de colmillos" (la cirugía consistió en eliminar los dientes más agresivos de la mal llamada "reforma educativa estructural" de 2013, que estaba centrada en la evaluación del desempeño de docentes y directivos, con consecuencias graves en la permanencia en el empleo).

Me explico: la llamada "reforma educativa" de la "4T" prácticamente representa un cambio de fachada, una *remodelación* con respecto a la anterior. Eso es algo a lo que también he llamado "reforma reactiva". Una reforma que nació de un parto de concertación parlamentaria (2019), puesto que Morena y sus aliados políticos no hubieran podido *sacar adelante* esas modificaciones sin la participación de la oposición: PRI, PAN, PRD y MC.

La *carencia* de un proyecto educativo nacional alternativo por parte de la "4T", desde 2018, puso al descubierto la *improvisación* y el *pragmatismo* en la toma de decisiones sobre la reforma educativa actual dentro del contexto de las gestiones política y legislativa.

Hay, por otra parte, muchos rasgos del proceso de aplicación de políticas públicas de la actual administración federal, del ámbito educativo, que constituyen *verdaderos* retrocesos importantes como son los siguientes:

La distribución de "vouchers" o bonos educativos que se manejaron para atender la educación inicial en el país; el hecho de hacer *caso omiso* en torno a la gestión "gerencialista" de la educación desde los territorios, es decir, desde las zonas escolares y las escuelas mismas; la creación de una Unidad del Sistema para la Carrera de las Maestras y los Maestros (USICAMM), que solo ha servido para *violentar* los derechos del magisterio y que, en buena medida, solo ha cumplido la triste tarea de contener o filtrar los *aumentos salariales* de las/los trabajadores de la educación; un sistema de universidades "Benito Juárez" que no termina de despegar y que no ha representado un cambio significativo o de impacto en el subsistema de educación superior nacional; la continuidad de un lenguaje *tecnocrático-gerencialista* en la educación básica y media superior, como parte de la narrativa de las políticas públicas educativas del período neoliberal (mejora continua, excelencia, calidad, máximo logro de aprendizajes, etc.), entre otros aspectos.

Mientras tanto, y pese a esas lamentables inercias, avanza el proyecto de *transformación curricular* para la educación básica, con un enfoque aparentemente *crítico* y que busca apartarse de la noción dominante del desarrollo de competencias (SEP, 2022); cambio anunciado durante los primeros meses del 2022. Vinculado con lo anterior, se han registrado *cambios* en el perfil de los personajes que ocupan puestos de decisión en la SEP (me refiero específicamente al relevo en la Dirección General de Desarrollo Curricular).

A través de la SEP, el gobierno del *presidente* López Obrador inició en 2021 la *actualización* de algunos libros de texto gratuitos para la educación primaria. Esa es una *buena noticia*; sin embargo, la propia dependencia observó el problema de que la modificación de dichos libros de texto no tendría *sentido* si la estructura curricular (en sus lógicas y fundamentación interna y externa), así como los contenidos y métodos educativos se *conservaban* sin cambios.

Sin una modificación sustantiva y de fondo en las atribuciones principales de la Unidad del Sistema para la Carrera de la Maestras y los Maestros (USICAMM), sobre todo de su marco normativo (Ley del SICAMM), debido a su carácter *excluyente* y a las *arbitrariedades* cometidas en contra de docentes y directivos escolares de educación básica y media superior durante los procesos de promoción, la llamada "revalorización" del magisterio será un *asunto pendiente* en la agenda de la gestión educativa federal "cuatroteísta". (Para profundizar en este análisis, sugiero que lean mi texto: "SEP: Cuatro años de gestión educativa", SDP Noticias, octubre 28, 2022).

Solo le resta un año y dos meses a la administración del presidente López Obrador, tiempo en el cual es difícil que se modifiquen las principales *líneas de trabajo* trazadas y realizadas con la finalidad de operar las políticas públicas educativas, con o sin una narrativa reformista. Por ello pregunto: ¿qué se podrá rescatar y en qué se podrá avanzar en este *contexto* y en estas condiciones *institucionales* y *sociales*? Ciertamente, muy poco.

El campo problemático de las competencias en educación

Un campo problemático de estudio, en proceso de construcción y sobre el cual trazo una línea de investigación, es el referido a las líneas discursivas registradas sobre el concepto de "competencias" en la narrativa oficial de la Secretaría de Educación Pública (SEP, durante el periodo 2004-2022).

En la superficie, el concepto, enfoque o perspectiva del desarrollo de "competencias educativas" ha sido rechazado en el contenido del discurso oficial; sin embargo, hay elementos que permiten confirmar que esa noción (de competencias) está implícita en la propuesta actual del plan y los programas de estudio de la educación básica (Acuerdo SEP 14/08/22, publicado en el DOF el 19 de agosto de 2022).

También, esa línea discursiva sobre el enfoque "competencial" y sus accesorios narrativos están presentes, de manera implícita, en el contenido del texto constitucional (artículo 3) y en la Ley General de Educación, actualizada en 2019, aunque ello se rechace en el discurso oficial reciente (ver Acuerdo secretarial de la SEP, del 19 de agosto de 2022).

A nivel de los documentos curriculares, es decir, en el marco general, así como en el plan y los nuevos programas de estudio para la educación básica (2022), se colocó el término "capacidades" en lugar del concepto de "competencias". Un problema en este plano es que no se puede cambiar un paradigma con solo modificar las palabras.

Al respecto, debo reiterar que sigo convencido de que la crítica al modelo o enfoque competencial y la búsqueda o construcción de alternativas por parte de los diseñadores de la nueva propuesta curricular de la SEP fue superficial e insuficiente (sugiero la lectura del ensayo de Francisco Guzmán Marín (2012), "El concepto de competencias", *Rev. Iberoamericana de Educación*, n.° 60/4, para hacer un análisis más profundo).

También, por iniciativa de Esteban Moctezuma y su equipo, cuando estuvieron al frente de la SEP, se colocó el término "excelencia" en lugar del concepto de "calidad" en el renovado texto constitucional. Así mismo, se mantuvo la expresión de "máximo logro de aprendizaje" (instalado en la carta magna desde la reforma de 2013), y se incorporó la lógica dc la "mcjora continua" (conceptos, ambos, derivados del lenguaje y la racionalidad tecnocráticas).

El artículo 3.° de la Constitución política mexicana, reformado en 2019, establece en su fracción II: "El criterio que orientará a esa educación se basará en los resultados del progreso científico, luchará contra la ignorancia y sus efectos, las servidumbres, los fanatismos y los prejuicios. Además: [...] i) Será de excelencia, entendida como el mejoramiento integral constante que promueve el máximo logro de aprendizaje de los educandos, para el desarrollo de su pensamiento crítico y el fortalecimiento de los lazos entre escuela y comunidad".

¿Ese es el cambio de raíz que propuso esta administración federal en materia educativa? ¿O esos términos "intocados" de la era neoliberal son producto de una concertación política, dada en la coyuntura de 2019, de la dirigencia de Morena con los grupos parlamentarios de oposición?

Encontré el término "capacidades" 49 veces en el Acuerdo secretarial de agosto de 2022 (SEP, 140822), donde se formaliza el plan de estudio para preescolar, primaria y secundaria. Por su parte, el término "competencias" se registra 33 veces; la mayoría de esas menciones son de crítica. Mientras que el concepto de "excelencia" solo se registra 5 veces (dos de las cuales están referidas como fuentes del profesor Perrenoud). Por su parte, la idea de "máximo logro de aprendizaje", una vez; y "mejora continua", 3 veces. Esto en un documento de 214 páginas, que contiene 354 notas al pie.

Ello se puede interpretar como un alejamiento o no alineamiento entre el contenido de la Constitución y la Ley General de Educación (2019), y el cuerpo discursivo del mencionado Acuerdo secretarial de la SEP (2022).

Pero, ¿qué son las llamadas competencias en educación? Una de las diversas definiciones o aproximaciones al concepto señala lo siguiente: es un "conjunto de conocimientos que, al ser utilizados mediante habilidades de pensamiento en distintas situaciones, generan diferentes destrezas en la resolución de los problemas de la vida y su transformación, bajo un código de valores previamente aceptado que muestra una actitud concreta frente al desempeño realizado" (Frade, 2007). La misma autora agregó lo siguiente, años más tarde: "Una competencia es una capacidad adaptativa, cognitivo-conductual para responder a las demandas del entorno con cierto nivel de adecuación" (Frade y colaboradores, 2011. En "Fortalecimiento para docentes 2011" Tema 4. SNTE. México).

Las interpretaciones existentes en torno a ese concepto (el desarrollo de "competencias"), como parte de las reformas curriculares más significativas en la historia reciente de México, han sido diversas, controvertidas y polémicas en un periodo histórico que pronto cumplirá 20 años: porque dicho concepto se estableció en 2004 para el currículo de preescolar; en 2006 para secundaria; en 2009 para primaria; en 2011 para articular a la educación básica; en 2017-2018 como parte de la narrativa de un nuevo modelo educativo; y en 2022 como elemento discursivo, implícito, de la nueva escuela mexicana, en este último caso de manera especial, a pesar de su negación explícita.

El posicionamiento y decisión de los diseñadores institucionales de la SEP con respecto al enfoque de "desarrollo de competencias" en el modelo mexicano (Nueva Escuela Mexicana y anexos) que se registra en documentos oficiales está dirigido a rechazarlo o desecharlo, al manifestarse en sentido contrario o de crítica. Sin embargo, al utilizar el término "capacidades" y emplear la noción de "máximo logro de aprendizaje", entre otros conceptos, sea cae más en continuidad que en la ruptura paradigmática.

Esto en el entendido de que el núcleo problemático de análisis crítico del discurso (Van Dijk, 1999), que es el enfoque metodológico del estudio que realizo, aborda las tensiones, polarizaciones y contradicciones que las líneas narrativas, implícitas o explícitas, ponen de manifiesto en las propuestas curriculares oficiales; hechos que se expresan claramente al analizar dicho concepto (de desarrollo de competencias) en sus fundamentaciones, estructuras y argumentaciones curriculares: las competencias como capacidades, como procesos esencialmente cognitivos o como paquetes de aprendizaje (conocimientos, habilidades y actitudes-valores), entre otros significados.

En México, la renovación curricular vigente para la educación básica (2022) tiene su raíz en los "nuevos consensos" políticos establecidos o alcanzados en 2019, en la coyuntura de la reforma educativa de la actual administración (de matriz obradorista o de la "cuarta transformación"). A partir de esos consensos o concertaciones parlamentarias surgió la idea, desde la SEP de Moctezuma, del Acuerdo Educativo Nacional, y luego, la noción de Nueva Escuela Mexicana como concepto y como dispositivo legal (ver su incorporación, por ejemplo, en la nueva Ley General de Educación actualizada en 2019).

Debido a esas condiciones discursivo-legales, considero que el cambio curricular está acotado o encajonado por los términos utilizados en el pasado y de los cuales no se ha podido desmarcar.

Así se expresa una de las notas al pie, en el cuerpo del Acuerdo secretarial de 2022: "En los últimos 50 años ha predominado una política curricular instrumental, eficientista, centrada en los resultados del proceso de enseñanza y aprendizaje, con un tipo de evaluación estandarizada que ha ignorado tanto a los procesos formativos, como a los sujetos de la educación y los contextos particulares en los que se realiza el trabajo educativo de las escuelas... Desde entonces, las políticas educativas han reducido el trabajo de las profesoras y los profesores a meros operadores de programas de estudios que instruyen de manera normativa los objetivos de aprendizaje, las competencias o aprendizajes clave; los contenidos y las orientaciones didácticas, así como los criterios de evaluación y la bibliografía que debe seguir el magisterio de manera homogénea y obligatoria en todas las escuelas del país, sin considerar la diversidad formativa, cultural, étnica y de género, o las características particulares del territorio en las que trabaja, incluyendo su condición social, económica, familiar, de salud, y sus aspiraciones." (SEP. *Acuerdo 140822*, publicado en el DOF el 19 de agosto de 2022, p. 57).

Por otra parte, y al girar la mirada al pasado: ¿cuál fue el sustento o fundamento teórico-metodológico del modelo educativo que eligió la SEP (es decir, sus especialistas, técnicos y funcionarios de alto nivel) acerca del diseño curricular "competencial" desde 2004, y concretado en planes y programas de estudio de la educación pública durante el periodo de aplicación de las políticas públicas neoliberales (2000-2018)?

Dice el texto del Modelo Educativo 2016-2017 (elaborado por la SEP del gobierno de Peña Nieto) que "el currículo nacional debe fomentar el desarrollo de competencias para la vida que son fundamentales. Una competencia clave que estructura a otras es 'aprender a aprender', que significa aprender a pensar, a cuestionarse acerca de los diversos fenómenos, sus causas y consecuencias, a controlar los procesos personales de aprendizaje, así como a valorar lo que se aprende en conjunto con otros...". "Una segunda competencia clave que está relacionada con el desarrollo de las habilidades socioemocionales de los niños y los adolescentes es 'aprender a convivir', ya que se trata de un fin que en nuestra época debemos enfatizar" (Nuevo Modelo Educativo, SEP, 2017, pp. 46-47).

Como se puede observar en la cita anterior, la propia SEP confundió el desarrollo de competencias con la noción de habilidades básicas o "habilidades llave". También a la SEP, en distintos momentos de su historia, le ha faltado rigor académico.

Cabe recordar que el desarrollo sistemático de las llamadas "competencias educativas clave" y los aprendizajes básicos que están implícitos en estas, constituyen piezas centrales en el diseño curricular actual en la educación de las niñas, los niños y los jóvenes en distintas latitudes del mundo y en México. Pero el problema que presenta esa concepción, (que no es muy novedosa, ya que la OCDE la propuso desde los años 90 del siglo XX, con la idea de las llamadas *key skills* o habilidades llave), no es tanto su origen empresarial ni su historial en las estructuras lingüísticas del mercado; tampoco es su definición o caracterización teórica-metodológica (o no solo en ello está el problema), sino en su pertinencia y consistencia en relación con las necesidades educativas locales y su desconexión orgánica con las finalidades del proyecto educativo alternativo, específicamente en los planos de lo pedagógico y didáctico en un contexto de gobernanza, es decir, de no imposición. Por ello, considero que es necesario buscar los consensos posibles en torno al proyecto educativo para la nación.

Un escenario de esa naturaleza aún está pendiente de realizarse y quizá habría que construirlo en el futuro cercano.

Referencias

SEP, 2023: "Cambiar planes y programas de estudio", publicado en SDPNoticias, el 12 de enero de 2023 <https://www.sdpnoticias.com/opinion/sep-2023-cambiar-planes-y-programas-de-estudio/>.

"Los caminos de las reformas educativas", publicado en SDPNoticias el 11 de enero de 2022 <https://www.sdpnoticias.com/opinion/los-caminos-de-las-reformas-educativas/>.

Otros títulos de interés en la colección Aula Abierta:

Casanova, M. A.: *Diseño curricular e innovación educativa* (3.ª ed.).
Galton, M. y Patrick, H.: *El currículo en la pequeña escuela primaria.*
Martínez Rodríguez, J. B.: *Negociación del currículum. La relación enseñanza-aprendizaje en el trabajo escolar.*